Elogios para
La batalla de cada hombr[illegible]

«*La batalla de cada hombre joven* ha [illegible] vis-
to en el asunto de la tentación sexual. [illegible] vivíamos en un mundo que no hablaba de secretos, [illegible] nos ha llevado al desastre en que estamos hoy en día. Los [illegible] jóvenes necesitan tener una sincera, directa y atrevida perspectiva cristiana de su sexualidad. Este libro salvará miles de futuros matrimonios».

JIM BURNS, presidente, Youth Builders [Desarrolladores de jóvenes]

«Jamás he leído un libro tan directo y abierto como *La batalla de cada hombre joven.* Los profundos principios comunican las experiencias personales de los autores y proporcionan la esperanza para que cualquiera sea capaz de vencer una batalla día a día con los pensamientos impuros. *La batalla de cada hombre joven* te ayuda a ver la importancia de tomar el control sobre tus ojos, tu mente y tu corazón a fin de que honres por completo a Dios en cada aspecto de tu vida».

SCOTT BULLARD, del grupo musical Soul Focus

«Es alentador ver a verdaderos hombres levantarse y dar la voz de alarma a los jóvenes. El valor de Stephen, Fred y Mike de contar sus historias expone lo que desafortunadamente se ha vuelto un pequeño secreto sucio entre los hombres de la iglesia. El toque de batalla de este día es para que los hombres de todas las edades vivan una vida pura y santa, y este libro destruirá la estrategia de Satanás dándoles a las tropas las agallas para hablar acerca de lo que hace tanto tiempo se ha declarado tabú en las iglesias. Las conmovedoras historias de los autores describen una imagen de una batalla con la cual todos los hombres se pueden identificar y ofrece la esperanza y la camaradería para ganar la guerra».

TROY VANLIERE, artista y gerente (representando a NewSong, Carolyn Arends, Soul Focus, Jadyn Strand y Glad)

«Ha existido un enorme vacío en la búsqueda de la santidad, y *La batalla de cada hombre joven* trata estos asuntos mientras que otros se mantienen despreocupadamente silenciosos. Si hay al menos una chispa de deseo de pureza en tu vida, este libro encenderá ese fuego... *Es* posible caminar en victoria, como sin duda descubrirás después que leas La serie para cada hombre».

MATT BUTTLER, del grupo musical NewSong

Stephen Arterburn
Fred Stoeker con Mike Yorkey

la batalla de cada hombre joven

Estratégias para la victoria
en el mundo real de la tentación sexual

Publicado por
Editorial Unilit
Miami, Fl. 33172

Primera edición 2003

Originalmente publicado en inglés con el título:
Every Young Man's Battle por WaterBrook Press
2375 Telstar Drive, Suite 160
Colorado Springs, Colorado 80920.

Publicado en español con permiso de WaterBrook Press,
una división de Random House, Inc.

Proyecto conjunto con la agencia literaria de Alive Communications, Inc.,
7680 Goddard Street, Suite 200, Colorado Springs, CO 80920.

Traducido al español por: Rafael Cruz
Fotografía de la cubierta por: Digital Vision

Los detalles en algunas historias y anécdotas han sido cambiados para proteger la identidad de las personas.

Producto 497567
ISBN 0-7899-1075-6
Impreso en Colombia
Printed in Colombia

Contenido

QUINTA PARTE: **Establece tus defensas**

SEXTA PARTE: **El honor sexual**

SÉPTIMA PARTE: **Una importante discusión adicional**

Prólogo

Desde que comenzamos la banda en 1977, Phat Chance ha reconocido que nuestro llamado no es solo acerca de la música; es sobre el ministerio. Como adolescentes, reconocemos las singulares y poderosas presiones alrededor de nosotros y de nuestros amigos. Nuestra meta es utilizar las aptitudes y la plataforma que Dios nos ha dado para ministrar esas necesidades específicas a través de nuestra música.

Sentimos que la necesidad más urgente de nuestros pares es encontrar la respuesta a una sencilla pregunta: «¿Cómo puede el joven llevar una vida íntegra?» (Salmo 119:9). Aunque la pureza abarca mucho más, la sexualidad se ha vuelto nuestro enfoque principal para tener una base sólida de una vida de pureza. La última canción de nuestro primer disco (*Without You* [Sin ti], Flicker Records) se titula «Ella es» y se ha escrito a las mujeres que Dios ya seleccionó para que sean nuestras esposas cuando llegue el tiempo del Señor. Expresa el compromiso que hemos hecho cada uno de nosotros de mantenernos sexualmente puro para nuestra futura esposa, y ofrece una oración para que ella esté haciendo lo mismo.

Estamos dolorosamente conscientes de algunas de las severas consecuencias que pueden resultar de violar el mandamiento de Dios de mantener una vida sexualmente pura. Cuando Bryan tenía nueve años de edad, su padre murió de SIDA. Nunca sabremos si adquirió la enfermedad debido a su estilo de vida de promiscuidad sexual con mujeres o por su uso de las drogas; o si contagió a otros a través de encuentros sexuales. Lo que sabemos es que la vida impura le costó la vida, y solo la mano protectora de Dios ha preservado a Bryan, a su hermana y a su mamá. Años más tarde, Bryan se está apoyando en las dolorosas lecciones que ha aprendido para ayudar a sus compañeros a mantenerse alejados de los caminos que su padre tomó y dirigirlos hacia el camino recto y angosto de Dios.

La batalla de cada hombre joven se escribió con muchas emocionantes historias de la vida real que, una vez que comenzamos a leer, encontramos difícil dejar a un lado el libro. Los autores no se inhiben al comentar historias de personas verdaderas cometiendo errores, y le dan continuidad sugiriendo pasos prácticos que podemos tomar para evitar que cometamos esos mismos errores; enseñándonos cómo regresar al camino de la pureza si nos hemos desviado del curso.

El material de este libro es muy directo y va más allá de los pasos obvios para mantener la pureza. No es solo acerca de abstenerse. Por ejemplo, proporciona un entendimiento muy completo de la relación entre la masturbación y nuestra pureza sexual. Piensen en esto, chicos: Si alguien les preguntara lo que la Biblia dice sobre la masturbación, ¿qué dirían? Después de leer este libro, sabrán con exactitud qué decir, y lo que es aceptable para Dios, en el lugar secreto de la palabra que comienza con M.

Creemos que este libro lo debe leer todo hombre joven que desea lidiar con sus muy reales tentaciones sexuales de acuerdo a lo que dice Dios. Necesitamos aplicar estas verdades a nuestra vida y comprenderlas a fin de que seamos capaces de ministrar a otros que tienen dificultades en esos mismos ámbitos. Nos sorprendería si tú no puedes pensar en al menos una docena de amigos que necesitan escuchar este mensaje hoy. ¿Se lo dirás? ¿Y les enseñarás por las decisiones que haces hoy?

Phat Chance
Brandon, Brent, Bryan, Dallas y Justin

Dedicatoria y reconocimientos

A mi Padre celestial que levanta
a los necesitados del montón de cenizas
y los sienta con los príncipes.

Y a Brent y Barry, mis cuñados
y mis hermanos en la gracia de Dios.

Quisiera agradecer a Andy Turcotte, Steve Beeman, Richard Pickrell, Ron Strack, y Mark Oberbeck por su gran entendimiento de los corazones de hombres y mujeres jóvenes. Ustedes son maravillosos pastores y es sorprendente su amistad.

También doy gracias a mi equipo de oración. El pastor Palmer y el diácono Mike Swaim me han levantado en los momentos más oscuros. Doy gracias a Vicky Cluney, Diana Koontz y Ray y Joyce Henderson, que nunca dejaron de orar ni creer. Y la cabeza del grupo de oración es mi esposa, Brenda. ¡Qué guerrera! ¡Qué mujer!

Doy gracias a mis amigos que han comprendido mi ausencia en acontecimientos importantes debido a las fechas topes. Doy gracias a mis amigos más jóvenes que han abierto sus corazones y me han contado sus más profundas historias, para la gloria de Cristo. He cambiado algunos detalles para proteger su privacidad, pero Dios sabe quiénes son y Él está eternamente agradecido.

Gary Meyer, siempre has estado disponible para hacerme reír, incluso si eso significaba comerse un grillo o caminar conmigo con trompetas y tambores a las dos de la mañana. Gracias por aceptarme como tu «amigo intenso».

Mike Yorkey, tú eres un maestro. Estoy perdido sin ti. Y doy gracias a Dan Rich, Thomas Womack, Michele Tennesen y todas las personas de WaterBrook Press. Stephen Arterburn, ¿qué puedo decir? Tu apoyo y tu aliento han sido incesantes. Eso es asombroso para mí.

Mi suegra, Gwen, ha llevado el balón cuando necesitábamos un gol. Es una verdadera jugadora. Jasen, Laura, Rebecca y Michael, ustedes son los mejores niños del planeta. Han sacrificado mucho. Dios se los pagará, ahora y por siempre.

Fred Stoeker

Introducción

Rompe el código del silencio

(por Stephen Arterburn)

Hay un código que se ha honrado a través de los tiempos que ha seguido casi todo varón que he conocido. Estoy seguro que mi padre y mis hermanos siguieron lo que llamo «El código sexual del silencio». Este código dice que es bueno hacer chistes sobre las relaciones sexuales o incluso mentir sobre ello, pero más que eso, es su deber solemne, como varón, mantener silencio cuando una discusión *seria* sobre la sexualidad toma lugar.

Como todo el mundo está comprometido a no hablar sobre esto, es probable que no tengas una idea clara de lo que es la sexualidad sana. Es más, quizá estés pensando que algunas cosas muy maravillosas no son normales y que algunas cosas muy normales son en extremo extrañas. Esa es una de las razones por la que queríamos escribir este libro para ti. Queríamos que tuvieras información correcta acerca de una maravillosa materia que es propensa a la mala información y a la ignorancia. Tú eres un ser sexual y mereces saber lo que es bueno y verdadero acerca de tu sexualidad a fin de que tengas la mayor oportunidad de disfrutar una relación sexual fantástica con la persona con que te cases.

Es triste que en la comunidad cristiana, donde tenemos acceso a la verdad de Dios, operamos con tantas mentiras y mitos sobre la sexualidad. Algunos adolescentes y hombres jóvenes con un instinto sexual bajo piensan que no son verdaderos hombres, cuando en realidad pueden tener un desequilibrio químico u hormonal que reduce su instinto sexual. Algunos adolescentes y hombres jóvenes con un fuerte instinto sexual quizá piensen que están un poco locos y necesitan ayuda para aplacar sus deseos.

A lo mejor estás fluctuando entre esos dos extremos, sobre todo si estás a mediados de tus años de adolescencia. Debido a que tu cuerpo está en un estado de constante crecimiento, te sientes con un gran deseo un minuto, y casi asexual el próximo. No permitas que esto te preocupe. Estás en esa etapa, y todo lo que experimentas es normal.

Una de las tareas más difíciles que jamás tendrás es integrar tu sexualidad con la persona emocional, espiritual, social y relacional que deseas ser. Muchos tienen la tendencia de ver su sexualidad como algo vergonzosamente separado y distinto de ellos mismos, pero de ninguna manera ese debe ser el caso.

Te lo ilustraré utilizando a una persona hipócrita como ejemplo. Es probable que conozcas algunas personas que son muy religiosas cuando van a la iglesia el domingo, pero nunca sabrías que son cristianos por la forma en que actúan el resto de la semana. Seguro, dicen las palabras apropiadas y hacen lo que se espera que hagan el domingo, pero esa parte de su vida está reservada para el domingo. El lunes por la mañana parecen más que el domingo fueron al infierno en vez de a la iglesia. Esas personas no han integrado su vida espiritual con el resto de su vida.

Lo mismo quizá te suceda a ti en el ámbito de la sexualidad. Este es un campo que debes querer integrar del todo con tu caminar cristiano. Cuando lo hagas, tendrás un punto de vista más sano con respecto a las relaciones con el sexo opuesto, las relaciones sexuales antes del matrimonio, y aun lo que tu relación matrimonial será en la cama.

Tengo un amigo cuyo hijo cumplió doce años de edad hace un par de años. Es un gran padre y tiene un gran hijo. Cuando el hijo cumplió doce años, fue como si la llave llamada hormonas se hubiera abierto por completo. Comenzaron a ocurrir cambios en su cuerpo, pero él no comprendía lo que estaba sintiendo.

Todo lo que sabía es que tenía ciertos deseos que eran difíciles de controlar. Entonces, el jovencito hizo algo muy valiente. Se acercó a su padre y le dijo: «Papá, me dan deseos de quitarme toda la ropa y pararme desnudo frente a una niña».

Esta fue una expresión sincera de sus sentimientos y una descripción exacta de lo que era sentirse como un niño de doce años de edad. El hecho de que podía hablar con franqueza con su padre sobre sus sentimientos indicaba que quería obtener respuestas sobre lo que le estaba sucediendo. Para todos nosotros sería beneficiosa una actitud similar.

Es más, la *actitud* es la clave para ganar la batalla por la integridad sexual. Si hay un versículo en la Biblia que describe la norma de Dios para la pureza sexual, es este: «Entre ustedes ni siquiera debe mencionarse la inmoralidad sexual, ni ninguna clase de impureza o de avaricia porque eso no es propio del pueblo santo de Dios» (Efesios 5:3).

Para los adolescentes y los jóvenes adultos, este es un versículo atemorizante que despierta más preguntas. ¿Qué significa «ni siquiera debe mencionarse»? ¿Hasta dónde llego con una chica cuando estamos solos? ¿Hasta dónde llego conmigo mismo cuando estoy solo? ¿Es apropiada la masturbación?

Estas son muy buenas preguntas y las contestaremos directamente. Es por eso que vas a encontrar que *La batalla de cada hombre joven* es el material más sincero y directo disponible sobre la sexualidad de los adolescentes y los hombres jóvenes.

¿Estás listo para comenzar? Nosotros también. Vamos a comenzar permitiendo que Fred les cuente su historia, que como decimos en Texas, es tremenda.

PRIMERA PARTE

¿Dónde estamos?

capítulo 1

Cuando el fútbol era rey

De Fred: El comienzo de mi historia

Creciendo en los campos de maíz de Iowa, mi dios era el fútbol. El deporte dominaba todo lo que yo era, y jugaba con alegría y practicaba el año entero. Incluso me gustaba participar en dos juegos el mismo día en los calurosos días de agosto. El fútbol era una parte tan grande de mi vida que permití que el sano deporte dictara lo que yo hacía fuera del campo de juego. Después de los juegos, nunca me reunía con mis compañeros de equipo en el lago McBride para las fiestas de cerveza. Pensaba que tomar cerveza debilitaría mi enfoque y aminoraría mi determinación. Con respecto a las novias, las consideraba un compromiso de mucho esfuerzo que me distraería de mi meta: ser el mariscal de campo número uno del estado.

Como cualquier verdadero jugador de fútbol, sin embargo, tenía un interés más que pasajero en la sexualidad. Tenía una adicción por la página central de *Playboy* desde que encontré un montón de revistas debajo de la cama de mi papá cuando yo estaba en el primer grado de la escuela primaria. También descubrí ejemplares de *Desde el sexo hasta los sesenta*, una publicación llena de chistes obscenos e historietas cómicas sexuales.

Cuando mi papá se divorció de mi mamá, se mudó a un apartamento de soltero, donde colgó en su sala un gigantesco cuadro de terciopelo de una mujer desnuda. Yo no podía evitar mirar ese cuadro como un mural cuando jugábamos cartas mientras lo visitaba los domingos por la tarde. En otras ocasiones, me daba una lista de tareas cuando pasaba a verlo. Una vez, mientras vaciaba la basura de su habitación, me encontré unas fotos de su amante desnuda. Todo esto causó que se despertaran sentimientos sexuales en lo más profundo de mi interior.

Las películas de Hollywood me llenaron de una curiosidad lujuriosa y una fogosa pasión. En una película, Diana Ross le vertió un cubo de hielo en el estómago a su jefe mientras él tenía un orgasmo, lo que parecía intensificar la experiencia. Quedé boquiabierto. *¿Qué era esto?* Yo me pasaba los días dándoles vueltas a esas escenas en mi mente. En esas raras ocasiones en que salía con una chica cuando no era temporada de juegos, esos sentimientos profundos se revolvían y burbujeaban. Demasiado a menudo me extralimitaba con la chica mientras trataba de meter una mano debajo de su sostén.

Aun así, mi pasión por el fútbol mantenía mis deseos sexuales bajo control. Jugaba muy bien y me nombraron «Atleta del Año» en la Escuela Secundaria Thomas Jefferson, una formidable escuela en Cedar Rapids. Me ofrecieron becas completas en la Academia de la Fuerza Aérea y en la Universidad de Yale.

Sin embargo, tenía sueños más grandes: jugar fútbol con el PAC-10, aun si eso significaba tratar de que el equipo me escogiera como un principiante. No aceptaría nada menos. Pronto me encontré frente a mi casillero en la Universidad de Stanford contemplando asombrado el conocido casco blanco con una S roja y el nombre Stoeker pegado con cinta adhesiva en el frente. Me puse mi casco y lo aseguré en mi barbilla, y corrí con orgulloso al campo para tratar de ganarme una posición en el equipo. En corto tiempo todo el mundo en el país conocería mi nombre cuando lanzara largos pases a la zona de anotación. Vivía mi sueño.

En una tarde, ese sueño se rompió en mil pedazos. Era uno de ocho mariscales de campo calentándose ese día. Con el rabillo del ojo vi a Turk Shonert, un recluta del sur de California tirando pases perfectos de treinta y cinco yardas. Tres de los otros mariscales de campo eran tan buenos que los cuatro serían parte del primer equipo de Stanford *y* jugarían en la liga profesional más adelante.

Yo, junto con Corky Bradford, primer mariscal de campo del estado de Wyoming, y mi compañero en el dormitorio Wilburn lo veíamos sin darle crédito. No había manera que ninguno de nosotros tuviera la capacidad para competir con estos atletas. Cuando esa tarde murieron mis sueños de fútbol, puse mi atención en... las mujeres. Fotos de mujeres desnudas.

Mientras comenzaba mi común y corriente vida universitaria, sin deportes ni sueños, mi inquietante sexualidad explotó por todas partes, y muy pronto me encontré inmerso en la pornografía. En realidad, memoricé el día en que llegaba mi revista pornográfica favorita, *Gallery* [Galería] a la tienda local. Yo estaba de pie en la puerta cuando abría la tienda, incluso si tenía que faltar a clases para hacerlo. Me encantaba la sección en *Gallery* de «Las chicas vecinas», que tenía fotos de chicas desnudas tomadas por sus novios y presentadas a la revista para su publicación.

Mientras me internaba hasta el cuello en las aguas de la pornografía, de cierta forma mantenía las relaciones sexuales en una posición moral más alta. Desde mi punto de vista, hacer el amor era algo *especial* para cuando estuviera casado. Todavía me sentía de esa forma cuando regresé a Iowa después de mi primer año universitario. Me conseguí un empleo durante el verano poniendo techos a fin de ganar enseguida bastante dinero, y comencé a salir con una antigua amiga llamada Melissa, empezando una relación que pronto se convirtió en un tórrido romance. Cuando no estaba martillando clavos en un techo, Melissa y yo nos pasábamos interminables horas juntos. De inmediato, antes de regresar a Stanford para mi segundo año, decidimos pasar juntos un fin de semana apartados en una propiedad de mi padre en el lago Shield al sur de Minnesota.

Bajo una brillante luna llena en una noche muy clara, nos acostamos a dormir con una brisa fresca soplando con suavidad sobre nosotros. Era un marco romántico, y yo me estaba excitando más cada minuto. Me acerqué a Melissa tranquilamente, y ella sabía con exactitud lo que yo buscaba. Melissa me miró con una profunda tristeza en sus grandes ojos castaños, la luz de la luna destacando su inocente rostro. «Tú sabes que yo me estoy guardando para el matrimonio, a la espera de que sea el nuestro», me dijo. «Si sigues insistiendo con esto, quiero que sepas que no te detendré. Sin embargo, nunca seré capaz de respetarte tanto como ahora y eso me haría muy triste por muchísimo tiempo».

Exponiendo su virginidad, me presentó el examen supremo. ¿Cómo respondería? ¿A quién amaba más, a ella o a mí? Mi cabeza me daba vueltas. Mi deseo y mi pasión latían con fuerza mientras contemplaba ese dulce rostro resplandeciendo sutilmente. Guardamos silencio por un largo tiempo. Al final sonreí. Me acerqué a ella y me quedé dormido, pasando su prueba de manera maravillosa. Poco sabía que esa era la última prueba que pasaría por muchos años.

Cuando dejé a Melissa atrás y regresé a la Universidad de Stanford, una profunda soledad se apoderó de mí. Lejos de mi hogar y con poco apoyo cristiano, deambulaba sin dirección a través de mis días, lamentándome de mi suerte. Entonces un día durante un juego de fútbol en la universidad, mis ojos captaron a una árbitra. Parecía una versión ya crecida de mi novia de la niñez, Melody Knight, que se había mudado a Canadá cuando estábamos en el tercer grado.

¡Yo estaba enamorado! Como no había nada que nos detuviera, no pasó mucho tiempo antes de estar en la cama haciendo el amor. Yo lo justificaba porque tenía relaciones sexuales con la mujer con la que yo *sabía* que me iba a casar. Parecía un paso muy pequeño alejado de mis valores. Es triste, pero la llama de nuestra relación se apagó con tanta rapidez como comenzó, pero aun más triste: Ese pequeño paso dio lugar a muchos otros pasos cuesta abajo.

La siguiente vez que hice el amor fue con una mujer con la que *pensaba* que me iba a casar. La próxima vez fue con una buena amiga que pensé que podría amar y *quizás* casarme con ella. Entonces vino la chica universitaria que apenas conocía y que sencillamente quería probar las relaciones sexuales antes de salir de la universidad.

En un período de apenas doce meses, pasé de ser capaz de decir que no en un campamento apartado en una noche a la luz de la luna, a decir que sí en cualquier cama y cualquier noche. Precisamente un año después de salir de la universidad en California, me encontré teniendo cuatro novias «formales» a la vez. Me acostaba con tres de ellas y en verdad estaba comprometido para casarme con dos de ellas. Ninguna conocía a las otras.

¿Por qué te digo todo esto?

En primer lugar, para que sepas que comprendo la ardiente atracción de la relación sexual antes del matrimonio. Sé por lo que estás pasando. En segundo lugar, si ya te estás acostando con alguien y no sabes que no debes hacerlo, te traigo esperanza. Como pronto verás, Dios cambió todo mi punto de vista sobre la relación sexual antes del matrimonio.

Notas

1. Nota del traductor: PAC-10 es la liga universitaria de fútbol más prestigiosa en los Estados Unidos.

capítulo 2

La distancia de Dios

Aun cuando saltaba de cama en cama durante mis días de soltero, no notaba nada malo en mi vida. Ah, desde luego, asistía a la iglesia de vez en cuando, y una que otra vez las palabras del pastor penetraban en mi corazón. No obstante, ¿quién era él? Además, yo amaba a mis novias. Mi razonamiento era que no le hacía daño a nadie.

Mi madrastra notó que algo andaba mal. Mi padre al fin se había casado de nuevo, y cuando los visitaba en su casa en Iowa, a veces ella me llevaba al otro lado del río al Templo Evangélico Moline, en Moline Illinois. En esa iglesia se predicaba el evangelio, pero para mí todo me parecía absurdo. A menudo me reía con cinismo, con solo pensar en las personas allí.

Después de graduarme con honores de la Universidad de Stanford con un título en sociología, tomé un empleo en el área de San Francisco como asesor de inversiones. Un día en mayo, me quedé tarde en la oficina. Todo el mundo se había ido a su casa, dejándome solo con algunos pensamientos molestos. Volteé mi silla y puse mis pies sobre el escritorio para mirar una típicamente grandiosa puesta del sol en California. Mientras el sol se escondía en el horizonte, de cierta forma Dios interrumpió la escena con una horrible revelación de lo que había llegado a ser.

Echa un vistazo... ¡a ti!

Esta era una experiencia diferente para mí. Ah, sabía quién era Dios y en algunas ocasiones, incluso, había orado que quería tenerlo más cerca en mi vida, pero de todos modos terminaba de nuevo en la cama la noche siguiente con la estudiante francesa graduada o una de las otras. Nunca dije esas oraciones con seriedad. Además, mi palabra nunca significó mucho en aquel entonces, y yo lo sabía.

Mis amigos también lo comprendían. Corky, uno de mis amigos, había inventado una expresión para mi falta de carácter. Hacer algo «al estilo de Fred» era prometer estar en algún lugar y después no aparecerse, y esta colorida frase se volvió parte del vocabulario en mi círculo de amigos. Después de esas oraciones anteriores, yo actuaba con Dios «al estilo de Fred».

Sin embargo, esta vez no.

No sé cómo Él lo hizo esa noche en mi oficina en San Francisco, pero Dios me mostró lo irremediablemente repugnante que me había vuelto a causa de mi pecado. Lágrimas de pesar y desesperación corrían por mis mejillas. Aunque antes estaba ciego, ahora podía ver. Al instante vi mi cada vez más profunda necesidad de un Salvador. Debido al Templo Evangélico de Moline, sabía a quién clamar. Mi oración ese día fluyó de la sencillez de un corazón seguro: «Señor, estoy dispuesto a trabajar contigo si tú estás dispuesto a trabajar conmigo».

Sin darme cuenta todavía de lo que acababa de hacer, me puse de pie y salí de mi oficina. Aun así, Dios sabía. Durante las primeras dos semanas parecía como si los cielos hubieran movido todo en mi vida, y en corto tiempo tenía un nuevo empleo en Iowa y una nueva vida frente a mí. ¡Y dejé las novias atrás!

Sin embargo, no fue la nueva vida *delante* de mí lo que me iba a transformar... fue la nueva vida *en* mí. Aunque todavía no lo sabía con seguridad, un acontecimiento en mi viaje de regreso a Iowa me reveló que Dios había entrado en mi vida. Me detuve en Steamboat Springs, Colorado, para visitar a un par de amigos de Stanford. El padre de uno de ellos era dueño de un rancho en las afueras de Steamboat, así que yo estaba esperando tomar unos cuantos días de descanso disfrutando de las montañas Rocosas antes de seguir mi camino.

Cuando llegué, necesitaba ir al baño, así que fui directo a él. Cuando abrí la puerta, encontré las paredes cubiertas con las páginas centrales de *Playboy* y enseguida me sentí asqueado.

Me detuve asombrado.

¿Asombrado de las páginas centrales? No, estaba asombrado de mi repulsión. *¿De dónde salió esta reacción?*, me preguntaba. Después de todo, este era Fred Stoeker, el hombre que memorizaba las fechas en que llegaban las revistas pornográficas a la tienda local. El que faltaba a clases para mirar con lujuria sus páginas. El que *vivía* para las páginas centrales, guardándolas para el final como si fueran algún delicioso postre. Nunca en mi vida me había sentido asqueado por una página central.

Mientras meditaba sobre este progreso durante los días siguientes, no relacioné este «nuevo yo» con la oración en mi oficina, pero debía haberlo hecho. Recordándolo, veo con claridad que era una señal de que mi corazón estaba cambiando. Cuando eres salvo, Dios te da un corazón nuevo para Él. El Señor vive en ti y te da la fortaleza que necesitas para hacer todo y cualquier cosa que te llame a hacer, incluyendo su llamado a la pureza sexual. Esta nueva vida fluía sin ningún esfuerzo de mi parte, y los nuevos deseos de hacer la voluntad de Dios vinieron sin que yo les pusiera atención.

Según recuerdo, no había orado de nuevo, ido a la iglesia, ni leído mi Biblia durante las dos semanas desde mi oración al caer el sol en San Francisco y ese momento en que entré a ese baño decorado con *Playboy*. El Espíritu Santo sencillamente tomó mi palabra en oración y comenzó a obrar en mí en la condición que me encontraba.

El deseo de hacer lo bueno

Tomó un segundo acontecimiento varias semanas más tarde para confirmarme al fin que Dios en verdad me había transformado dándome un corazón nuevo que palpitaba con el deseo de hacer lo bueno y vivir en santidad. Después de mudarme a un apartamento en Ankeny, Iowa, mis noches eran largas y monótonas. ¡Un hombre acostumbrado a entretener a cuatro novias no está habituado a tener sus noches libres!

En corto tiempo, los pensamientos sobre Janet comenzaron a invadir mi imaginación. Era una vieja amiga de la escuela secundaria, y yo había estado enamorado de ella por años. En aquel entonces, estaba muy ocupado con el fútbol para comenzar una relación, pero a menudo soñaba acostarme con ella.

Pronto la encontré y... ¡qué suerte! Todavía estaba soltera y viviendo en Omaha. La llamé y después de alguna alegre conversación, ella me invitó a que la fuera a ver a su discoteca favorita. ¿Qué más puedo decir? Después de cerrar la discoteca, nos encontramos solos en su apartamento. Una cosa llevó a otra, y nos quitamos la ropa y nos acostamos en su cama. Comenzamos a besarnos, pero ocurrió algo extraño. ¡No podía tener una erección! *Eso* nunca había pasado antes. Demasiado humillado, con mi cabeza dando vueltas, me escabullí al estacionamiento y me desplomé en mi coche.

Entonces escuché con claridad al Espíritu que me susurraba en el corazón: «Por cierto, yo te hice eso, sé que te dolió, pero esta forma de actuar no se puede tolerar más en tu vida. Tú ahora le perteneces a Cristo y Él te ama». No tuvo que decírmelo dos veces; ¡de inmediato me comprometí de nuevo a mantenerme puro! (Me alegro de haberlo hecho porque unos pocos meses más tarde conocí a Brenda y nos comprometimos a guardar las relaciones sexuales para nuestra noche de boda.)

Ahora del todo consciente de mi salvación, no perdí tiempo y enseguida busqué una iglesia. Se había arraigado en mí un temor y respeto apropiado para esta nueva vida y al momento me enamoré del susurro del Espíritu en mi vida. Deseaba crecer en Cristo y experimentar la vida abundante de regocijo que Él tenía esperando por mí.

Antes de continuar mi historia (en el capítulo 5), tomemos un momento para explorar algunos principios importantes sobre la sexualidad que creo que encontrarás interesantes y que se pueden aplicar enseguida a tu vida. Comenzaremos con una discusión del punto de vista de Dios acerca de nuestra sexualidad.

capítulo 3

Ser uno con Dios

Como joven, es probable que tengas muchas preguntas sobre esta cosa misteriosa llamada sexualidad, aunque se ha hablado muchísimo de esto a través de los medios de comunicación y las películas.

En los viejos tiempos, diríamos que la mayoría de nosotros aprendimos sobre la relación sexual «en los bajos fondos». La frase ya no se usa, pero muchos de nuestros padres recibieron sus primeras lecciones sobre la relación sexual en la esquina de alguna calle o en los vestuarios de un gimnasio. Ahí es donde escuchamos a hombres mayores y «más sabios» abrir los misterios de lo que ocurre entre un hombre y una mujer, o lo que puedes hacer tú mismo. Desde luego, esto todavía ocurre hoy en día, y esta historia de Tyler es muy típica:

> Una tarde después de la escuela, de camino a casa con Billy, él sugirió que compráramos algo para tomar. A mí en verdad no me caía bien Billy, pero me daba lástima porque no tenía muchos amigos. Veía que hacía hasta lo imposible por agradarme. Después de comprar algo de tomar, me habló acerca de algo llamado masturbación. Yo nunca había escuchado esa palabra, así que él me explicó lo que era. Me dijo que todos los chicos en la clase lo habían estado experimentando. Yo no podía quitarme de la mente lo que me dijo, así que decidí probarlo esa noche. Tener un orgasmo era diferente a cualquier cosa que hubiera sentido antes y, en verdad, me gustó. Sin embargo, pensar que Dios me miraba mientras lo hacía me hacía sentir bastante mal.

Quizá tú no has pasado más de una semana sin masturbarte desde que comenzaste la escuela secundaria. Con preguntas acerca de la sexualidad surgiendo por todas partes, a lo mejor comenzaste a experimentar con tu novia, sin estar seguro de dónde están los límites de Dios, pero decidido a no indagar mucho en esto.

Hace unos años, Brad nos dijo: «Sé que no se debe hacer el amor antes del matrimonio, pero creo que cualquier cosa sin llegar a eso no es malo. Me encanta meterme debajo de un sostén». Los experimentos de Brad «debajo del sostén» al final lo llevaron a tener relaciones sexuales con su novia, y de por sí esos experimentos sexuales emprendieron una vida frustrante y crearon problemas significativos. «Llevamos un año teniendo relaciones sexuales y me siento confuso», dijo Brad. «Creo que deberíamos romper nuestra relación, pero ahora, después de haber tenido relaciones sexuales por tanto tiempo, me siento obligado a casarme con ella. Quisiera que no hubiéramos ido tan lejos. Ahora estoy preocupado que ella no sea la indicada para mí».

Vivimos en una cultura donde se han destruido los límites sexuales, desapareciendo del mismo modo que lo hacen las líneas de tiza de la caja de bateo después de seis entradas del juego. John, una estrella en todos los deportes y líder en la escuela y en la iglesia, asistió hace poco a un curso sobre abstinencia enseñado por su pastor de jóvenes; pero él no lo aceptaba. Después, se enfrascó en una acalorada discusión con su pastor de jóvenes. Al final, John dijo: «Muy bien, me comprometo a esta cosa de la abstinencia, pero no voy a abstenerme del sexo oral. Me lo han hecho docenas de veces y en realidad me gusta».

Quizá no te parezcas en nada a John. Eres un buen chico. Tocas ruidosamente la batería en la orquesta de alabanza de jóvenes en la iglesia, y eres un joven tan guapo y encantador que otros padres dicen que les encantaría que algún día te casaras con su hija. Por fuera, luces muy bien. Sin embargo, en privado, en términos de tu sexualidad, tu conciencia se ha nublado hasta el punto en que ya no estás seguro de lo que es bueno o malo.

Establece las verdades

A lo mejor antes te parecía que las relaciones sexuales eran malas, pero hace poco lo hiciste con esa chica en la clase de inglés y no te sentiste culpable en modo alguno. Antes te parecía que la pureza era buena, pero ahora cuando el orador de jóvenes habla sobre mantenerse puro hasta el matrimonio, la idea parece extraña y arcaica, muy «del siglo veinte».

Si algo de esto se parece a ti, te estás hundiendo en las arenas movedizas de las relaciones sexuales. Todavía tocas la batería en la orquesta de adoración, pero en realidad ya no *sientes* la adoración. Al contrario, te sientes distante de Dios.

Nos estamos adelantando. Sin tener en cuenta dónde te encuentras ahora, usaré mi historia (la de Fred) como un punto de partida para establecer una base para el resto de este libro. Es un fundamento de seis verdades básicas sobre las cuales todos tenemos que estar de acuerdo:

1. La atracción hacia las chicas es natural

La atracción hacia el cuerpo femenino es un deseo natural que da Dios. Al igual que fue natural para mí querer estar alrededor de mujeres en la universidad, también es natural para ti encontrar que la belleza de una chica hace que tus ojos presten atención.

La tentación, sin embargo, es satisfacer esos deseos y atracciones de una manera errónea e ir más allá de un punto de vista natural y normal. Eso significa ver a una chica como una colección extremadamente interesante de partes del cuerpo en vez de verla como una preciosa hija de Dios. Nos negamos a creer que tú no conoces la diferencia. Sabes que al pensar en ella la mayoría de las veces es como un par de senos caminando y un poco más.

Nos tentarán en muchas maneras erróneas a jugar con esos deseos naturales y atracciones hacia las mujeres. Es obvio que, al quitarle sus ropas en el sótano en la fiesta después del juego es incorrecto, pero lo es tanto como mirarla con lujuria e imaginar fantasías en tu mente. Ninguna de las dos maneras es más pura que la otra.

2. La sexualidad es excitante

Esta no es difícil de aceptar, ¿no es así? No hay nada en el mundo como un orgasmo. No hay ningún sentimiento que te golpee más fuerte ni te haga retroceder con más rapidez, ya bien sea a través de la masturbación o la relación sexual con una compañera. Cuando tenía catorce años, Brock, el novio de mi hermana, me dijo con una pícara sonrisa: «Una vez que pruebes el dulce, nunca más dirás que no. Así que mejor no lo pruebes».

Brock tenía razón. Una vez que transitas en el camino de las relaciones sexuales prematrimoniales, no puedes retroceder. Si deseas tu pureza de nuevo, tendrás que abandonar por completo ese camino.

3. La sexualidad es una pendiente resbalosa

Si no clavas una estaca en la tierra y declaras: «Hasta aquí llego y no voy más adelante», perderás tu equilibrio en la resbalosa pendiente de la relación sexual. ¿Te acuerdas cómo yo me desenfrené en la universidad? A causa del placer, la intensificación sexual era natural. Además, ¿por qué *no* debería tener relaciones sexuales? No estaba comprometido con Cristo y no veía razón (hasta que Dios más tarde intervino) para dejar de tener relaciones sexuales. Recordándolo, era asombroso cómo yo podía racionalizar tan ampliamente por mi comportamiento:

- «Está bien porque yo en verdad la amo. *Sé* que de todos modos me voy a casar con ella».
- «¿Por qué esperar hasta el matrimonio? Ya estamos casados en nuestros corazones».
- «La relación sexual no es mala para todas las personas. En realidad, a Dios solo le preocupa el adulterio».

Quizá te has dicho lo mismo… ¡lo mismo que se dicen los que no son cristianos! Solo eso debería hacerte sentir un poco incómodo. Es asombroso cómo justificamos nuestras acciones a nosotros mismos y a Dios. Esas racionalizaciones permiten que nuestra conciencia se vaya acostumbrando poco a poco al camino sexual por el que viajamos.

4. Dios tiene normas de comportamiento sexual para sus hijos

Dios toma las normas sexuales en serio y desea que lo escuchemos sobre el asunto. Cuando yo traté de continuar en mis caminos sexuales después de comprometer mi vida a Cristo, Dios me humilló en la habitación de Janet. En verdad, Dios atrajo mi atención esa noche. ¡Estamos hablando del Potro Semental incapaz de actuar cuando era más necesario! Si a Dios le interesa tanto nuestra pureza, nosotros tenemos que interesarnos de igual manera.

Es claro que las relaciones sexuales prematrimoniales están fuera de las normas de Dios. Sin embargo, ¿qué del sexo oral? ¿Masturbarnos uno al otro? ¿Acariciarnos? ¿Besos franceses? ¿Dónde están los límites? Más adelante veremos los detalles, pero primero quiero decirte que Dios ya puso su *propia* estaca en la tierra:

> Entre ustedes *ni siquiera debe mencionarse* la inmoralidad sexual, ni ninguna clase de impureza o de avaricia, porque eso no es propio del pueblo santo de Dios. Tampoco debe haber palabras indecentes, conversaciones necias ni chistes groseros, todo lo cual está fuera de lugar (Efesios 5:3-4).

Esto, mi amigo, es una tremenda estaca. ¿Ni siquiera debe *mencionarse*? ¡Uf! ¿Actúan tus amigos cristianos de esa manera? Es probable que no. Los adolescentes y jóvenes cristianos a menudo no se pueden distinguir de los que no son cristianos, pues tienen los mismos gustos en la música popular, los chistes groseros y su actitud hacia la relación sexual prematrimonial. Kristin, un adolescente, nos dijo:

> Nuestro grupo de jóvenes está lleno de chicos que fingen su andar cristiano. En realidad, usan drogas, toman

> en fiestas y tienen relaciones sexuales. Si uno quiere vivir con pureza, es más fácil estar alrededor de los que no son cristianos en la escuela que de los cristianos en la iglesia. Digo esto porque mis amigos en la escuela conocen mi postura, y dicen: «Está bien. Yo puedo aceptar eso». Los muchachos cristianos se burlan de mí. Se ríen y dicen: «¿Por qué ser tan recto? ¡Disfruta la vida!». Presionan mis valores en todo momento.

No estamos apuntando con el dedo a los adolescentes en especial. Los adultos jóvenes entre veinticinco y treinta años de edad no son diferentes a los cristianos adolescentes. Linda, una mujer profesional soltera, dice que su grupo de solteros adultos en la iglesia tiene «jugadores»: hombres y mujeres que envían señales de que están listos a jugar en la habitación.

Las parejas casadas también se han quedado cortas. No hay un solo día en mi programa diario de radio en que yo (Steve) no tome una llamada de un esposo o una esposa preguntándome cómo se pueden recuperar de una relación adúltera o una adicción sexual de la otra persona en la pareja.

5. El amor de Dios no está basado en la habilidad de usted de cumplir sus normas

El amor de Dios para ti es incondicional; nunca cambia. Te ama desde antes de que te formaras en el vientre. Eres la niña de sus ojos. Su amor por ti no tiene límites, y su amor por ti nunca disminuye. Si te masturbas, ese hecho no disminuye tu valor ante Él. Si te metes debajo del sostén de una chica, Dios no se arrepiente de haber enviado a su Hijo a morir por ti.

Esto es cierto para todos nosotros. Cuando yo (Fred) no podía dejar mis revistas pornográficas, Él aún me amaba. Cuando yo estaba en los brazos de otra chica en una cita de un sábado en la noche, Él aún me amaba. Cuando seguí pasándolo por alto, Él me persiguió con desesperación, sufriendo por alcanzarme antes de que fuera demasiado tarde y mi corazón estuviera demasiado endurecido.

6. Las reglas son parte de una relación emocionante con Cristo

Recuerdo cómo el Espíritu Santo me susurró: «Esta forma de actuar no se puede tolerar más en tu vida. Tú ahora le perteneces a Cristo y Él te ama». La implicación era que si continuaba mi actividad sexual, eso dañaría mi intimidad con Cristo.

Cuando rompes sus normas, el Señor no te rechaza, pero no puedes estar bien cerca de Él. Muy pronto, después de orar esa oración en mi oficina, Dios me dijo *No más* con respecto a mi actividad sexual. ¿Me sentí como si me hubieran pegado en el estómago? Sí, pero por la gracia de Dios, no dije: *¡Eh! ¿Qué está pasando aquí? ¡Me estás quitando mi libertad! ¡Me estás matando!* En lugar de eso dije: *Como tú digas, Padre.* Esta nueva vida en mí me movía hacia su camino. Deseaba estar más cerca de Él. Y para eso, no podía estar tan cerca de esas mujeres en mi vida.

Cuando me acerqué a Dios, lo que Él dijo sobre las relaciones interpersonales comenzó a tener mucho sentido. Descubrí enseguida que las reglas de Dios no eran precisamente un conjunto de regulaciones arbitrarias y aguafiestas. En lugar de eso, sus reglas me dieron la libertad de vivir en abundancia y evitar las trampas peligrosas.

Por ejemplo, después de mudarme de regreso a Iowa, continué manteniendo una relación por teléfono con una de mis novias en California, con la cual me sentía más seriamente comprometido. Mis amigos y mi familia estaban convencidos de que nos íbamos a casar ya que nuestra relación había durado tres años. Entonces en la iglesia escuché al pastor decir que los cristianos no deben formar yugo desigual con los incrédulos. Como yo era cristiano y ella no, esta noticia representaba un problema.

¿Mi reacción? *Como tú digas, Padre.* La llamé y le expliqué el versículo en la Biblia acerca de ser un yugo desigual. «En verdad, necesito que explores esto y busques a Dios», dije, «o yo no sé cómo vamos a mantener nuestra relación».

«Muy bien, leeré mi Biblia por treinta días y veremos», me prometió ella. Un mes más tarde, escuché de ella, en aquel instante: «Hice lo que prometí», dijo, «pero no hay manera de que pueda creer en esto».

«Siento mucho escucharlo», le respondí. Entonces tranquilamente le dije que debíamos seguir dos caminos diferentes. La regla de Dios me dio la libertad de romper la relación y le permitió a Él encontrar a alguien más idónea para que fuera mi esposa. Menos de un año más tarde, Dios me presentó a Brenda y mi vida no ha sido igual desde entonces.

Opta por la pureza sexual... y la intimidad

En un solo momento, la salvación nos dio una nueva vida y un nuevo deseo de ser sexualmente puros por primera vez. Sin embargo, este nuevo deseo por sí solo no va a traer una intimidad completa con Cristo. Debemos decir que sí a este nuevo deseo y rehusar pasarlo por alto. Debemos optar por la identidad y la intimidad con Cristo. Debemos escoger la pureza sexual.

> La voluntad de Dios es que sean santificados; que se aparten de la inmoralidad sexual (1 Tesalonicenses 4:3).

No basta con *parecer* o *sentirse* cristiano. Debemos *ser* cristianos en acción. No podemos esperar practicar con la orquesta de jóvenes por el día y después deslizarnos desnudos bajo las sábanas con la bonita pianista por la noche. No podemos esperar estar en un círculo tomados de las manos en una oración emocional en la iglesia por el día y después sumirnos en sexualidad por Internet en la noche.

Cuando encendemos la computadora y nos masturbamos mirando amantes sin nombre desnudas apareciendo en nuestra pantalla, no somos como Cristo. No nos acercamos a Él. Aunque su amor por nosotros nunca cambia, nuestra intimidad con Él disminuye. Aumenta la distancia. Aun así, cuando optamos por la pureza sexual y caminamos en la luz, somos uno con la esencia de Dios. La intimidad crece. La verdadera relación florece.

Cuando nos llamamos cristianos, pero no actuamos como tal, Él está en gran desacuerdo. Lucas 6:46 dice: «¿Por qué me llaman ustedes "Señor, Señor", y no hacen lo que les digo?».

Dios desea grandemente que tú seas uno con Él. Todo el plan de salvación fue creado para que Él pudiera tener una relación cercana contigo. ¿Has cumplido con los requisitos? ¿Amas sus normas? ¿Cuándo Dios te pide que cambies tu comportamiento, dices: *Como tú digas, Padre*? Si es así, esa es una señal de una intimidad creciente.

Vamos a la fuente y examinemos lo que dice la Biblia sobre el asunto de la impureza sexual. ¿Sabías que en casi todos los libros del Nuevo Testamento se nos ordena a evitar la impureza sexual? A continuación encontrarás una selección de pasajes que enseñan sobre la preocupación de Dios por nuestra pureza sexual. Destacadas en cursiva aparecen las palabras clave que indican lo que debemos evitar en el campo sexual:

> Pero yo [Jesús] les digo que cualquiera que *mira a una mujer y la codicia* ya ha cometido adulterio con ella en el corazón. (Mateo 5:28)

> Porque de adentro, del corazón humano, salen los malos pensamientos, *la inmoralidad sexual*, los robos, los homicidios, *los adulterios*, la avaricia, la maldad, el engaño, *el libertinaje*, la envidia, la calumnia, la arrogancia y la necedad. Todos estos males vienen de adentro y contaminan a la persona. (Marcos 7:21-23)

> Deben abstenerse de [...] *la inmoralidad sexual.* (Hechos 15:29)

> Por eso, dejemos a un lado las obras de la oscuridad y pongámonos la armadura de la luz. Vivamos decentemente, como a la luz del día, no en orgías y borracheras, ni en *inmoralidad sexual y libertinaje*, ni en disensiones y envidias. (Romanos 13:12-13)

Pero en esta carta quiero aclararles que no deben relacionarse con nadie que, llamándose hermano, sea *inmoral* o avaro, idólatra, calumniador, borracho o estafador. Con tal persona ni siquiera deben juntarse para comer. (1 Corintios 5:11)

El cuerpo no es para *la inmoralidad sexual* sino para el Señor. (1 Corintios 6:13)

Huyan de *la inmoralidad sexual*. (1 Corintios 6:18)

Temo que, al volver a visitarlos [...] tenga que llorar por muchos que han pecado desde hace algún tiempo pero no se han arrepentido de *la impureza*, de *la inmoralidad sexual* y de *los vicios* a que se han entregado. (2 Corintios 12:21)

Así que les digo: Vivan por el Espíritu y no seguirán los deseos de la naturaleza pecaminosa [...] Las obras de la naturaleza pecaminosa se conocen bien: *inmoralidad sexual*, *impureza* y *libertinaje*. (Gálatas 5:16,19)

Entre ustedes ni siquiera debe mencionarse *la inmoralidad sexual*, ni ninguna clase de *impureza* o de avaricia, porque eso no es propio del pueblo santo de Dios. Tampoco debe haber palabras indecentes, conversaciones necias ni chistes groseros, todo lo cual está fuera de lugar. (Efesios 5:3-4)

Por tanto, hagan morir todo lo que es propio de la naturaleza terrenal: *inmoralidad sexual, impureza, bajas pasiones, malos deseos* y avaricia, la cual es idolatría. Por estas cosas viene el castigo de Dios. (Colosenses 3:5-6)

La voluntad de Dios es que sean santificados; que se aparten de *la inmoralidad sexual*; que cada uno aprenda a controlar su propio cuerpo de una manera santa y honrosa, sin dejarse llevar por los *malos deseos* como hacen los paganos que no conocen a Dios[...] Dios no nos llamó a *la impureza* sino a la santidad. (1 Tesalonicenses 4:3-5,7)

Que nadie sea *inmoral* ni profano. (Hebreos 12:16)

Tengan todos en alta estima el matrimonio y la fidelidad conyugal, porque Dios juzgará a los adúlteros y a todos los que cometen *inmoralidades sexuales*. (Hebreos 13:4)

Pues ya basta con el tiempo que han desperdiciado haciendo lo que agrada a los incrédulos, entregados al *desenfreno*, a *las pasiones*, a las borracheras, a *las orgías*, a las parrandas y a las idolatrías abominables. (1 Pedro 4:3)

Así también Sodoma y Gomorra y las ciudades vecinas son puestas como escarmiento, al sufrir el castigo de un fuego eterno, por haber practicado como aquellos, *inmoralidad sexual* y vicios contra la naturaleza. (Judas 7)

No obstante, tengo unas cuantas cosas en tu contra: que toleras ahí a los que se afierran a la doctrina de Balaam, el que enseñó a Balac a poner tropiezos a los israelitas [...] a cometer *inmoralidades sexuales*. (Apocalipsis 2:14)

Sin embargo, Yo [Jesús] tengo en tu contra que toleras a Jezabel, esa mujer que dice ser profetisa. Con su enseñanza engaña a mis siervos, pues los induce a cometer *inmoralidades sexuales*. (Apocalipsis 2:20)

Pero los cobardes, los incrédulos, los abominables, los asesinos, los que *cometen inmoralidades sexuales*, los que practican artes mágicas, los idólatras y todos los mentirosos recibirán como herencia el lago de fuego y azufre. Esta es la segunda muerte. (Apocalipsis 21:8)

¿Qué les parece? Extrayendo de estos pasajes, vamos a hacer un resumen de la norma de Dios para la pureza sexual:

- La inmoralidad sexual comienza con las actitudes lujuriosas de nuestra naturaleza pecaminosa. Está arraigada en la oscuridad dentro de nosotros. Por lo tanto, la inmoralidad sexual, como otros pecados que esclavizan a los incrédulos, provocará la ira de Dios.
- Nuestros cuerpos no se crearon para la inmoralidad sexual, sino para el Señor, el cual nos creó y llamó a vivir en pureza sexual. Su voluntad es que todo cristiano sea sexualmente puro, en pensamientos y palabras al igual que en sus acciones.
- Por lo tanto, es santo y honorable evitar por completo la inmoralidad sexual, arrepentirnos y escapar de ella, y que vivamos por el Espíritu.
- No debemos asociarnos con otros cristianos que persisten en la inmoralidad sexual.
- Si tentamos a otros hacia la inmoralidad sexual (quizá en el asiento trasero del coche o en su habitación cuando los padres estén fuera), ¡Jesús mismo tiene algo en contra tuya!

Sin duda, Dios cuenta con que vivamos de acuerdo a sus normas.

capítulo 4

Nadie se escapa de la isla de la aventura

No hace muchas décadas los hombres se casaban más o menos a la misma edad que cuando sacaban su licencia de conducir.

¡Tomar una esposa a los dieciséis años de edad tenía que ayudar a las hormonas! Aun así, ese era un tiempo diferente en una era distinta, y casarse a los dieciséis años de edad hoy en día no es más realista que ganarle a Shaquille O'Neal en un juego de baloncesto. Sencillamente no va a ocurrir.

Así que no te ha ido muy bien. No solo los adolescentes pasan a través de la pubertad a una más temprana edad, sino que participan en un sistema de educación que los mantiene en la escuela a través de la secundaria y a menudo de cuatro años de universidad. Aun cuando finalmente se gradúan después de dieciséis años de escuela, se espera que pospongas el matrimonio aun más mientras tomas unos años para «adaptarte» a tu carrera. Y durante todo ese tiempo, se espera que te mantengas célibe como un náufrago hasta que digas: «Sí acepto».

«No cabe duda que es raro», dice Danny. «Siento que Dios me hizo un ser sexual, pero Él me pide que viva como si no lo fuera». Nos compadecemos de ti, Danny, y de los innumerables hombres jóvenes que sienten tu misma frustración. Algunos incluso dicen que en estos tiempos diferentes Dios ya no espera que vivan de acuerdo a sus antiguas normas de pureza porque nunca fue su intención posponer el matrimonio en primer lugar.

Disculpa que continuemos echándole leña al fuego, pero la causa principal de este cambio no es por posponer el matrimonio, ni siquiera su peor resultado. El asalto más peligroso a nuestra pureza sexual debido a este cambio cultural es nuestro nuevo punto de vista sobre nosotros mismos y nuestros años de adolescencia. Hace unos doscientos años, los adolescentes que se casaban continuaban trabajando en la granja familiar o en el negocio de la familia. En esos días las personas no veían ninguna diferencia entre los años de la adolescencia y los años como adultos. ¡En esos días la gente joven crecía con rapidez porque tenían que hacerlo! No les daban un año para irse a viajar a través de Europa, y sabían que las decisiones que tomaban hoy influirían en lo que iba a suceder mañana.

De la misma manera, la Biblia no se refiere a los años de la adolescencia del mismo modo que pensamos nosotros. Una vez que llegabas a más o menos trece años de edad, Dios te consideraba un hombre. Tus padres y las personas mayores te trataban como tal.

Hemos perdido este punto de vista y está destruyendo nuestra pureza. En estos días, a la mayoría de los adolescentes los tratan como si fueran niños. Incluso si estás finalizando un título universitario avanzado, todavía puedes escuchar a otros decir que «no estás listo» para casarte. Por lo general, están pensando desde el punto de vista económico u emocional, y quizá tengan razón. Pero, desde luego, ¡sí estás listo para tener relaciones sexuales!

La realidad es que, aun siendo hombres jóvenes, a menudo nos tratamos a nosotros mismos como si fuéramos niños. Si nos viéramos como hombres de la forma en que Dios nos ve, siempre consideraríamos que nuestras decisiones sexuales de hoy tienen un impacto en nuestro mañana. Aunque, casi nunca hacemos eso. Existe una gran brecha entre la habilidad *física* de hacer cosas sexuales (que ocurre durante la pubertad) y la habilidad *legal* de hacer cosas sexuales (al menos a los ojos de Dios) que solo tenemos en el matrimonio. Enfrentando este enorme abismo, es fácil ver lo físico y lo legal como dos mundos del todo diferentes. En otras palabras, piensas que lo que haces durante tu adolescencia es por completo diferente a lo que sucede durante tus años como adulto, o no tiene efecto sobre ello.

Nada está más lejos de la verdad.

¿Todavía estás atrapado en el mito de la bifurcación?

Bifurcación. ¿Sabes lo que significa la palabra? Bueno, tampoco yo (Steve) lo sabía hasta que lo aprendí de un dentista. Esto es lo que sucedió. Un día, en la Universidad de Baylor, me senté a la mesa en una cafetería frente a mi amigo Shane. Mientras hablábamos, mordí con fuerza un bistec empanizado, una de mis comidas favoritas. Al instante, Shane escuchó lo que yo sentía y gimió. Y yo también. Al parecer, una de mis muelas mordió un pedazo de metal incrustado en el bistec. Me llené de dolor y vergüenza mientras escupía un pedazo afilado y brillante de acero.

—Eso debe haber dolido —dijo mi amigo.

—¡Ah, tienes razón! —me quejé—. A la verdad que le hice daño a la muela.

—¿Crees que necesitas ir a un dentista?

—Odio a los dentistas, pero me duele tanto…

Un poco más tarde mi dentista abrió mi boca y notó que me faltaba un pedazo de una de mis muelas. Se puso a trabajar y en el transcurso de una hora yo tenía una corona temporal cubriendo mi aventura con el bistec empanizado… o así pensé.

A través de los años esa muela me continuó molestando. Cuando al final le dije algo al Dr. Farthing, observó la muela por largo tiempo. Entonces le escuché mencionar la palabra «bifurcación» a su asistente. Después me lo explicó. «La bifurcación significa que algo se ha dividido completamente en dos partes separadas. Un diente rajado es una cosa, un diente bifurcado es otra. Las rajaduras se pueden reparar, pero a una pieza bifurcada hay que extraerla porque o bien está muerta o se está muriendo».

Por poco necesito un pañal cuando lo oí decir la palabra «extraer». No solo arrancó la muela culpable; también tuvo que hacer un injerto de hueso y poner un implante. En medio de todo este trabajo de construcción oral, y la agonía acompañante de nuestros nuevos dentistas «sin dolor», tuve suficiente tiempo para meditar sobre la bifurcación. Comencé a darme cuenta que esta palabra describía la forma en que yo una vez pensaba acerca de la vida en general. Siempre di por sentado que los años en la escuela y los años como adultos estaban del todo bifurcados: divididos y separados por completo.

El mito de la bifurcación dice que puedes hacer lo que quieras como adolescente porque después que llegues a ser adulto ya no importa. Ese mito me causó muchos problemas, y hará estragos en ti también, si lo crees.

Ya ves, no hay una línea que cruzas de los años de adolescente a los años como adulto. Dios lo sabe; es por eso que te ve como un adulto ahora mismo. Tú también debes comenzar a verte de esta manera porque la persona en la que te conviertes como adulto es la misma que arrastras a tu mayoría de edad. Te seguirá lo que te gusta y lo que no te gusta, desde las comidas, la música, hasta las películas. Más importante aun, tu carácter se formará de la misma manera que una base de concreto rodea una casa.

Puesto que la bifurcación de la vida es un mito, las decisiones que tomes hoy *tendrán* un impacto en todo tu futuro. Los deseos sexuales que alimentes como adolescente serán los mismos deseos que querrás alimentar cuando tengas cuarenta años de edad. La toma de decisiones es una espada de dos filos: Las buenas decisiones que tomas hoy te ayudarán a tomar las buenas decisiones cuando seas mayor. Las malas decisiones que tomes hoy te llevarán por un camino que te guía hacia errores más horribles mañana. Esas decisiones influirán aun en tu matrimonio, y llevarás una vida frente a tu esposa y otra vida a espaldas de ella, atrapado por los hábitos sexuales que formas ahora. Es probable que ni siquiera hayas conocido todavía a tu futura esposa, pero comprende esto: Si crees que las decisiones sexuales de hoy no harán daño a tu futuro, la bifurcación está pudriendo ahora mismo las raíces de tu futuro matrimonio.

A causa de este mito de la bifurcación, quizá no te cause ningún horror la historia de mis años universitarios (los de Fred), las revistas pornográficas, las numerosas compañeras de relaciones sexuales, los tiempos de fiesta. Es probable que hasta te sientas un poco celoso. «¡Ah, Fred lo tenía todo! Tenía relaciones sexuales en cualquier momento y dondequiera, y entonces cayó en los brazos de Dios y quedó libre. ¡Eso es para mí!»

Hemos escuchado a estudiantes mayores regresar de la universidad frustrados por completo debido a que «se perdieron» toda la emoción. «Mis amigos se divirtieron mientras yo me perdí toda la diversión y el desenfreno», dijo un joven graduado de la universidad. En su mente, tenía un pase para salir de la cárcel gratis pero, como un idiota, no lo usó. Cree que haber perdido la oportunidad de una aventura en el asiento trasero de un coche con «Betty la loca» realmente destruyó su vida.

Es como si lo hubieran criado viendo la clásica película animada de Walt Disney *El Rey León.* ¿Te acuerdas del joven león Simba en esa película? (Está bien, sabemos que prefieres películas más masculinas como *El Gladiador* o *Pearl Harbor*, pero sígueme por un momento). Si recuerdas, Simba se fue y rechazó las praderas y todo lo que conocía, y en lugar de eso se juntó con unos amigos para descansar y relajarse en el «paraíso». *Hakuna matata*... sin preocupaciones. Él y sus amigos hacían lo que querían en cualquier momento que lo querían. El joven león tenía todo menos responsabilidad.

De pronto, Scar, el tío malvado de Simba, tomó control de las praderas, lo cual causó un total desorden y ruina. Jugándose todo, Simba hizo lo bueno. Rechazó su vida de irresponsabilidad, juntó a las tropas, los llevó a la victoria, se casó con Nala, se paró como un rey en su coronación, y tomó su lugar legítimo de grandeza entre los animales. En solo un día, Simba se movió sin dificultad del carácter dudoso de sus días juveniles a sus días de adulto maduro. Y la mayoría de nosotros piensa que así es como también va a resultar para nosotros.

Por eso a menudo nos vamos a nuestro propio paraíso sexual más allá de las praderas del reino de nuestro Padre. *Hakuna matata*. Cuando los chicos intercambian historias en los vestuarios, queremos contarles nuestras propias historias. ¿Por qué no? Al parecer, se suspendieron las leyes de «lo que siembras, eso cosecharás».

¿Juegas todavía libremente?

Así que jugamos, sin preocuparnos. Randy, un cristiano ahora de diecisiete años de edad, se escapó al «paraíso» cuando tenía trece años. No hace mucho, rompió con su novia, diciéndole que ya no iba a salir en citas por un tiempo. Unas pocas semanas más tarde, unos amigos lo vieron caminando de brazos con su antigua novia de nuevo. Más tarde, un amigo le preguntó: «Randy, ¿qué hay con eso? Yo pensé que habías roto con ella».

«Ah, ella no es mi novia», respondió sin darle importancia. «Solamente nos acostamos juntos». A Randy quizá le parezca que todo está bien, pero esas acciones lo afectarán más tarde. Es imposible crear el respeto apropiado hacia las mujeres en la sombra de tal pecado, y mucho menos un respeto apropiado hacia Dios. ¿Y que sucederá a largo plazo si la esposa de Randy no se compara sexualmente a su antigua novia?

Jasón tiene un padre que realiza viajes de cuatro a cinco días y una madre que trabaja hasta las cinco y media de la tarde todos los días. Esto significa que él tiene dos horas todos los días después de la escuela «sin una mamá presente y una niña de la escuela que vive cerca y que viene a mi casa todas las tardes y me deja hacerle lo que yo quiera. ¿Cuál es el problema? Es divertido, y ella lo desea».

Lisa, que creció en la iglesia, hace poco se acercó a su pastor de jóvenes con una pregunta.

—He estado dándoles sexo oral a diferentes chicos en nuestras fiestas desde hace algún tiempo. No sé por qué, pero pensé que debería preguntarle acerca de esto. ¿Está mal que lo haga?

—¿Eran estos tus novios? —le preguntó titubeando un poco el líder de jóvenes.

—No, yo no estaba saliendo con ninguno de ellos —le respondió Lisa—. A nosotros no nos importa. Todos los chicos me conocen por esto, de ahí que vengan a las fiestas. Yo siento mucha presión para seguir dándoles lo que quieren, ahora que ellos lo esperan. Es por eso que me he vuelto muy popular. Sin embargo, pensé que quizá debía preguntarle al respecto, solo para estar segura que estaba bien.

Quizá tú no has viajado tan profundamente dentro del paraíso. A lo mejor solo te mantienes en las orillas con *Playboy* o visitando con regularidad ese tórrido sitio para adultos en Internet. Tal vez estés experimentando con fantasías, viendo con lujuria a esa chica en la escuela y estremeciéndote sin cesar en intensos sueños mojados con ella. De cualquier forma, has dejado las praderas.

¿Hakuna matata? ¿Sin preocupaciones? Adivina de nuevo. Si no estás preocupado, debes saber que la vida no es como *El Rey León*. Es más como *Pinocho*, otro clásico de Disney. Pinocho sabía que ir a la escuela era lo bueno para todos los niños. Sin embargo, camino a la escuela se encontró a unos sinvergüenzas que le pintaron una gran imagen de pasar el día en la Isla de la Aventura, como un tipo de parque de diversiones no muy lejos de la costa. Le dieron a Pinocho y a su amigo Polilla unos pases gratis para el viaje en la barca a la Isla de la Aventura, pero ninguno sabía que al final del día convertirían a todos los niños en asnos y los venderían para tirar carros en las minas de carbón

por el resto de la vida. Como Pinocho, quizá piensas que la Isla de la Aventura te traerá gran diversión sin costo, aunque sabes que no debes ir allá. De modo que *habrá* un precio que pagar al final del día y será un precio fuerte.

En primer lugar, lo que ves hoy se quedará en tu mente por un largo, largo tiempo; quizá para siempre. Hay un viejo dicho que dice: «Toma veinte segundos para ver una revista *Playboy* y veinte años para olvidar lo que viste». Todavía recuerdo como si fuera ayer las fotos de Susanne Summers desnuda en el agitado río de la montaña. Todavía recuerdo la chica asiática de baja estatura y cuerpo lleno, de pie desnuda en los campos de trigo en *Gallery* después que ganó el «Concurso de Las chicas vecinas». Todavía puedo ver la modelo desnuda de *Playboy* vestida con un impermeable transparente mientras la lluvia caía sobre ella. Todos los detalles, desde el color y el corte de su cabello hasta la curva de sus piernas abiertas están grabados en mi cerebro. Creo que el viejo refrán no es cierto. Vi esas imágenes hace *veintitrés años* y aún no las he olvidado.

En segundo lugar, pagamos el precio sin importar si sabemos o no lo que nos espera. He visto una multitud de películas de terror en mis años, pero pocos gritos en esas películas han llegado al grito de puro terror de Polilla cuando sus manos se convirtieron en cascos. Él no sabía lo que le esperaba. Si crees que la ley de sembrar y cosechar se suspendió durante tus años de adolescente, Satanás lo usa con júbilo para su beneficio. Hace todo lo posible por envolverte sexualmente antes del matrimonio.

Quizá a ti no te preocupa. A lo mejor piensas que Dios te perdonará y que todo se acabará cuando te cases. Sin duda, Él te perdonará, pero no se termina ahí. El pecado viene con consecuencias ineludibles que te seguirán. Tendrás que pagar el precio en el mismo lugar que el resto de nosotros. Jim nos dijo esto:

> He sido cristiano desde los nueve años de edad y he estado sexualmente activo desde los doce años. Ahora estoy a finales de mis veintes, y estoy en Internet viendo a

cada momento la peor clase de pornografía. Los pensamientos y las acciones de lujuria me destruirán un día si no logro encontrar una forma de controlarlos. Aunque soy cristiano, siempre es dos pasos hacia atrás y uno hacia adelante a causa de mi pecado sexual. Lamento las cosas que hago, pero después regreso a hacerlas. Nunca puedo enfocar mi exceso de energía en Dios, sin importar que lo desee con tanta desesperación.

Esto es lo que Tom, un estudiante universitario, dice:

He estado luchando con la sexualidad desde hace más de un año. Tuve una novia por mucho tiempo en secundaria con la cual tuve relaciones sexuales por un par de años. Desde que rompimos, he deseado otra novia, pero no he encontrado a nadie, lo cual es frustrante. Tan frustrante que mis sentimientos hacia las chicas se han convertido sobre todo en lujuria. Estoy de verdad avergonzado de las cosas que hago y de lo que pienso, y a menudo me siento avergonzado de enfrentarme a Dios. No sé como llegaré alguna vez a ser libre.

Tanner dice que es adicto a la pornografía:

Comenzó cuando estaba en secundaria, y me persigue a través de los años. He tratado de orar y leer mi Biblia, pero a causa de mi pecado, no tengo deseo de hacer esas cosas espirituales. Estoy desesperado y necesito ayuda. Estoy estudiando para ser pastor, y mi ordenación ya está cerca, pero me siento convicto y culpable. Mi deseo más profundo es servir a Dios y ser un hombre de Dios, pero no sé que hacer. No puedo liberarme.

Y Derrick siente que vive como un santo en público y un pecador en privado:

> La hipocresía me está destruyendo, y la ausencia de Dios es como un infierno vivo para mí. Necesito ayuda. Me muero por dentro. No sé qué hacer ni a dónde ir. No vivo para Dios, no testifico y no oro. La gente dice que la definición del infierno es la «separación eterna» de Dios. Siento que eso es lo que tengo ahora, ¡así es que creo que estoy en el infierno!

A estos hombres les llegó el final del día en la Isla de la Aventura, y ellos están luchando contra las ligaduras que los atan como los asnos tirando carros de carbón a través de las oscuras minas, un agonizante día tras otro. Algunos de ustedes ya sienten que las ligaduras los envuelven cada vez más fuerte.

Mientras las ligaduras se aprietan, luchas y luchas, y puedes estar listo para darte por vencido. Esperas que algún día vas a ser libre del pecado sexual, aguardando a fin de salir de él con tanta naturalidad como entraste en él. Como perdiste el acné con la edad. Con cada cumpleaños, esperas que se elimine tu impureza sexual, pero nada cambia. Así que esperas aun más, con la esperanza de que llegue tu futura esposa a tiempo para ayudarte a luchar en tu camino de regreso a la pureza.

No obstante, si crees que el matrimonio te salvará, estás tontamente equivocado.

¿Buscas todavía un nirvana sexual?

Si estás buscando un nirvana sexual… no es el matrimonio. Cuando Mark se inscribió para asistir a una clase prenupcial que yo (Fred) enseño, me dijo que su vida era un desastre. «He sido adicto a las relaciones sexuales por años, y estoy contando con el matrimonio para liberarme», me dijo. «Podré tener relaciones sexuales cuando quiera, ¡Satanás no me podrá tentar más nunca!».

Cuando nos vimos unos cuantos años más tarde, no me sorprendió escuchar que el matrimonio no había resuelto el problema.

—Tú sabes, Fred, mi esposa no desea las relaciones sexuales tan a menudo como yo —me dijo.

—Ah, ¿no me digas?

—No quiero parecer como un adicto sexual ni nada por el estilo, pero es probable que ahora tenga tantos deseos insatisfechos como los tenía antes del matrimonio. Además de todo eso, a ella le parecen vergonzosos o inmodestos algunos ámbitos de exploración sexual. Algunas veces ella incluso los llama "pervertidos". Pienso que se escandaliza de muchas cosas sexuales, ¿pero qué puedo decir?

En nuestra experiencia, ¡no puede decir mucho!

Escuchar que el matrimonio no elimina la impureza sexual sorprende a los adolescentes y a los jóvenes solteros. Ron, un pastor de jóvenes en Minnesota, dijo que cuando él reta a los hombres jóvenes a ser sexualmente puros, su respuesta es: «Eso es fácil de decir para usted, pastor. ¡Usted está casado! Puede tener relaciones sexuales en cualquier momento que lo desea».

Si solamente fuera así.

En primer lugar, la relación sexual tiene un significado diferente para el hombre que para la mujer. Los hombres casi siempre reciben la intimidad inmediatamente antes y durante el acto sexual. Las mujeres reciben intimidad a través de las caricias, los abrazos, la conversación y la comunicación profunda. ¿Es extraño entonces que la frecuencia de las relaciones sexuales sea menos importante para las mujeres que para los hombres, como Mark lamentablemente descubrió? A causa de las diferencias entre los hombres y las mujeres, el desarrollo de una vida sexual satisfactoria en el matrimonio no es como un tiro de baloncesto al lado de la canasta. Es más bien como hacer una canasta desde media cancha.

En segundo lugar, tu esposa de pronto se puede convertir en una mujer muy diferente a la que cortejaste. Larry, un fornido y apuesto joven pastor en Washington, D.C., tiene una gran herencia cristiana. Su padre es un pastor maravilloso, y Larry se emocionó cuando Dios también lo llamó a él al ministerio. Cuando Larry conoció a Linda, una impresionante y sensacional rubia, ellos al parecer eran hechos el uno para el otro, como un juego de Ken y Barbie. Sin embargo, después del día de su matrimonio Larry descubrió que Linda estaba más interesada en su carrera que en satisfacerlo sexualmente. No solo estaba desinteresada en la relación sexual, sino que a menudo lo utilizaba como un arma de manipulación para obtener lo que deseaba. Por consiguiente, Larry no tiene relaciones sexuales muy a menudo. Dos veces al mes es una bonanza, y una vez cada dos meses es lo más común. Aquí no hay nirvana sexual.

En tercer lugar, tu esposa quizá no desee ayudarte en tu batalla. Después de un discurso sobre *La batalla de cada hombre*, noté a un hombre que permanecía en su asiento. Cuando todo el mundo se había retirado, vino hacia mí y me dijo: «Mi esposa se acercó a mí esta semana y me dijo: "Jim, tengo algo que decirte, pero en verdad no sé cómo plantearlo. Así que lo diré de manera directa. Sencillamente, a mí no me gusta la relación sexual, y en verdad desearía que no tuvieras que hacerlo de nuevo".

»Yo estaba anonadado. No sabía con exactitud qué decir, así que contesté: "Mi amor, ¿es algo que estoy haciendo mal o hay algo que puedo hacer mejor?"

»Ella me dijo: "No, no es lo que estás haciendo. Todas mis amigas se sienten así. Cada una de ellas"».

Es probable que te estés diciendo: *Sí, perfecto, pero eso nunca me sucederá a mí.* ¿Piensas eso? Asombrado por la historia de Jim, se la comenté a uno de mis pastores mientras conversábamos en su oficina.

—¿Ves esa silla ahí? —me preguntó—. Esa es mi silla de consejería. ¿Sabes cuál es la queja que escucho con más frecuencia de hombres casados?

—No, ¿cuál es?

—"Ya no tengo relaciones sexuales". ¡Es sorprendente!

El matrimonio no te liberará de la mina de carbón. Si fuiste impuro antes del día de tu matrimonio, puedes esperar que eso vaya a resurgir después de la luna de miel. Si eres soltero y ves películas sensuales clasificadas como restringidas solo para adultos, el matrimonio no cambiará este hábito. Si tus ojos se fijan en las mujeres sensuales que pasan, continuarán fijándose después que digas: «Sí, acepto». Si te estás masturbando a menudo ahora, encontrarás que ponerte el anillo en el dedo no cambiará ese hábito.

Como ves, *antes* de tu matrimonio, Satanás hace todo lo posible para *hacer* que tengas relaciones sexuales con tu novia; *después* del matrimonio, hace todo lo posible para *evitar* que tengas relaciones sexuales con tu esposa.

¿Necesitamos repetir este punto? Si es así, por favor, lee el párrafo anterior de nuevo.

Entonces, a pesar del matrimonio, no te sorprendas si tus pecados sexuales se siguen desbordando por todas partes como lo hicieron cuando eras soltero. Joe nos dijo que a él le encanta el juego de voleibol femenino en la playa:

> En las noches, he tenido sueños extremadamente vívidos con esas mujeres. Algunos han sido tan excitantes y tan reales que me despierto en la mañana seguro de que estuve en la cama con ellas. Apesadumbrado con ese sentimiento de culpabilidad, me pregunto dónde está mi esposa, convencido de que me ha abandonado a causa de este amorío y preguntándome cómo pude haber hecho eso. Al final, cuando se disipan las telarañas, poco a poco me doy cuenta que fue solo un sueño. Sin embargo, aun entonces me siento molesto. ¿Quiere saber por qué? Porque mientras que sé que fue solo un sueño, no estoy seguro que no fuera cierta forma de adulterio.

John se despierta temprano para ver esos programas de ejercicio matutinos, aunque no le interesa mucho el bienestar físico.

> La realidad es que me siento totalmente obligado a verlos, a ver en primer plano esos traseros, esos senos y, en

> especial, la parte interior de los muslos. Y se me cae la baba. A veces me pregunto si los productores de esos programas poniendo esas vistas están tratando de hacer que los hombres se vuelvan adictos a ver sus programas. Cada día me digo que esta será la última vez. Aun así, a la mañana siguiente estoy ahí de nuevo frente al televisor.

Gary es director de música de una iglesia. Está casado y tiene una niña de tres años de edad, y él y su esposa están esperando otro niño. Da clases de matrimonio y dirige el coro de jóvenes. «Tengo un gran trabajo», dice él, «y una gran vida en la iglesia. Mi esposa dice que todo el mundo me pone en un pedestal por mi dedicación a los coros y mi duro trabajo». Todo está bien, ¿no es así? Él se escapó, ¿cierto? Escuche lo que Gary tiene que decir:

> Todo esto, y es probable que piense que yo al menos estaría espiritualmente feliz, pero no lo estoy. Me siento que no soy digno, que no lo merezco y estoy avergonzado. Sé en mi corazón que algo no está bien. Yo también veo esos anuncios de sostenes y ropa interior femenina en el periódico como si se hubieran puesto allí solo para mi placer. Cambio los canales de televisión y me quedo viendo los programas sexuales. Oro y oro que Dios me quite esto. Sin embargo, lucho para decir que no. *Guardianes de la Bahía*, revistas de trajes de baño, secretarias usando suéteres ajustados… no importa.

Sé lo que estás pensando. *¡Esos hombres son pervertidos y personas raras!* Pero esos hombres no son personas raras, son sus vecinos, el padre de su amigo, es probable que hasta tu papá. Son maestros de Escuela Dominical, ujieres y diáconos. Y aun pastores.

Son hoy lo que te volverás mañana. Tomas hoy las mismas decisiones que ellos tomaron en la adolescencia. Están diciendo: «¡No hagas lo que nosotros hicimos!».

Las decisiones sexuales que tomes ahora *te las llevarás* a tu vida adulta. El peor error que puedes cometer como un hombre joven es pensar que eres diferente a los demás y de cierta forma más fuerte. Quizá pienses: *Yo nunca haré lo que esos hombres están haciendo.* Todo lo que sabemos es que hay innumerables hombres casados con adorables esposas durmiendo en ropa interior provocativa en sus habitaciones mientras ellos se masturban viendo la computadora.

¿Qué te hace estar tan seguro que no harás lo mismo?

Hacerte más viejo no te liberará de tu impureza sexual, ni tampoco el matrimonio lo hará. Más tarde o más temprano, tendrás que comprometerte a la pureza si deseas una verdadera relación con Cristo y con las mujeres en tu vida. ¿Por qué no ahora?

Antes de comenzar nuestro plan de acción, necesitamos hablar un poco más sobre las raíces de la esclavitud sexual, lo cual haremos en los próximos dos capítulos mientras regresamos a la historia de Fred.

SEGUNDA PARTE

Cómo llegamos aquí

capítulo 5

Parada brusca

Regresemos al resto de la historia de Fred.

Un par de años después de comenzar mi maravillosa nueva vida en Cristo, comencé a experimentar algo cada domingo en la mañana durante nuestro culto de adoración de la iglesia. Veía a mi alrededor a otros hombres con sus ojos cerrados, libre e intensamente adorando al Dios del universo. ¿Y yo? Yo solo sentía un muro de separación entre el Señor y yo.

Mi relación con Dios no estaba bien. Como un cristiano nuevo, no me imaginaba lo que estaba pasando. Todo había estado yendo bien, y yo había cambiado mucho. *Quizá era una depresión temporal*, razoné. *Después de todo, las relaciones tienen sus altas y bajas.* Sin embargo, el tiempo pasó y nada cambió.

Poco a poco me di cuenta de la verdadera razón por el distanciamiento: A pesar de todo lo que había cambiado, todavía había un poco de inmoralidad sexual en mi vida que salía a la vista cada domingo en la mañana cuando me sentaba en mi cómodo sillón y abría el periódico. Enseguida buscaba las secciones de anuncios de las tiendas por departamentos y comenzaba a ir a través de las hojas impresas a todo color llenas de modelos posando en ropa interior.

Las modelos siempre estaban sonrientes. Siempre a la disposición.

Me encantaba tomar mi tiempo con cada sección de anuncios. *Está mal*, me decía, *pero es una cosa tan pequeña, muy diferente a la pornografía*. Así que continué viendo a través de las páginas, fantaseando. De vez en cuando, una modelo me hacía recordar a alguna chica que antes conocía, y mi mente despertaba los recuerdos de nuestros tiempos juntos. Disfrutaba mis domingos en la mañana con el periódico.

Al examinarme con más cuidado, descubrí que tenía más de un poco de inmoralidad sexual oculta en mi vida. Aun mi sentido del humor lo reflejaba. Algunas veces una frase inocente de una persona, incluso de nuestro pastor, yo la escuchaba como teniendo un doble sentido sexual. Sonreía, pero me sentía incómodo. *¿Por qué me vienen a la mente con tanta facilidad esos dobles significados?*

Me acordé que la Biblia decía que esas cosas ni siquiera deben mencionarse entre los santos. Yo era peor... ¡Podía incluso reírme de ellas! ¿Y mis ojos? Eran voraces buscadores de calor escudriñando el horizonte, enfocándose en cualquier objetivo con calor sensual.

Madres jóvenes en pantalones cortos, inclinándose para sacar un niño de su asiento en el coche...

Chicas atractivas en blusas que revelaban un escaso sostén...

Corredoras en pantalones elásticos, moviéndose felizmente por las aceras...

Sonrientes secretarias con grandes senos y blusas con bajo escote...

¿Qué me sucedió?

Me quedé pensando porque yo sabía que había comenzado muy bien. Como ves, ya había encontrado una iglesia y comencé a asistir a una clase maravillosa sobre el matrimonio que enseñaba Joel Budd. Con la excepción de esa noche vergonzosa de no poder hacer nada con Janet que mencioné en el capítulo 3, no había salido con ninguna chica durante ese año bajo la enseñanza de Joel. ¡Es probable que haya sido el único hombre en la historia asistiendo a una clase para parejas casadas por todo un año sin ni siquiera haber tenido una cita con una chica! Puro justamente antes de cumplir los doce meses, oré esta sencilla oración:

Señor, he estado en esta clase por un año y he aprendido mucho sobre las mujeres, pero no conozco ninguna chica cristiana. Por favor, enséñame una mujer que posea estas santas características.

No estaba pidiendo una cita, una novia, ni una esposa. Solo deseaba conocer a alguien con esas santas características a fin de entenderlas mejor.

Dios hizo mucho más que eso. Una semana más tarde, me presentó a mi futura esposa, Brenda, y nos enamoramos. Poco después comenzamos a salir en citas seriamente. Brenda y yo decidimos mantenernos puros antes de casarnos, debido a nuestro compromiso con Cristo. Ella era virgen, y yo deseaba poder haberlo sido también. A medida que Dios continuaba obrando en mi vida, Brenda y yo nos casamos, fuimos a nuestra luna de miel en Colorado y nos mudamos a un nuevo edificio de apartamentos junto a un campo de maíz en los suburbios de Des Moines. ¿Era esto un pedazo de cielo o qué? Yo sin duda pensaba que sí.

Pasó el tiempo y, al principio, me sentía bien. Aunque una vez había estado comprometido con dos mujeres al mismo tiempo, ahora estaba felizmente casado con una mujer. A pesar de que una vez estuve inmerso en la pornografía, desde el día de mi boda no había comprado ni una revista pornográfica. Considerando mi pasado, esto era asombroso.

Formé parte de las posiciones de liderazgo en la iglesia, y mi imagen cristiana brillaba cada vez más. De acuerdo a las normas del mundo, iba muy bien. Solo con un pequeño problema. De acuerdo a las normas de pureza sexual de Dios, no estaba ni siquiera cerca de vivir su visión para el matrimonio. Estaba claro que había dado pasos hacia la pureza, pero estaba aprendiendo que las normas de Dios eran más altas de lo que me había jamás imaginado y que mi Padre tenía esperanzas más altas para mí de lo que yo había soñado.

Pronto me quedó claro que no llegaba a la santidad. Estaban los anuncios del periódico, los dobles sentidos y los ojos buscadores de calor. Mi mente continuaba soñando y teniendo fantasías sobre antiguas novias. Había más que un poco de inmoralidad sexual.

Cuando confié en un buen amigo, él me dijo: «Ah, ¡qué te pasa! ¡Nadie puede controlar sus ojos ni su mente, por Dios santo! ¡Dios te ama! Debe ser otra cosa». Pero yo sabía que no era así.

Al final relacioné mi inmoralidad sexual con mi distanciamiento de Dios. Después de eliminar los adulterios visibles y la pornografía, le parecía puro por fuera a cualquier otra persona. Pero para Dios, no había llegado y había pasado por alto su voz en repetidas ocasiones mientras Él me instaba al respecto. Sencillamente encontré un punto medio a gusto entre ser pagano y obedecer las normas de Dios.

Se establece la desesperación

Dios deseaba más para mí. Me había librado del abismo, pero yo había dejado de moverme hacia Él. Me había quedado corto. Después de ver lo que me separaba de Dios, decidí que era tiempo de comenzar a moverme más cerca de Él de nuevo.

Esperaba que la trayectoria fuera fácil. Después de todo, había decidido dejar la pornografía y los amoríos una vez con anterioridad, y esas cosas desaparecieron. Pensé que detendría con la misma facilidad el resto de esta basura sexual.

Sin embargo, como los otros hombres de que hablamos antes, no lo pude hacer. Cada semana decía que no vería esos anuncios, pero cada domingo en la mañana las impresionantes fotos me obligaban de nuevo. Cada semana juraba evitar ver películas «sexuales» restringidas cuando viajaba, pero cada semana fracasaba, pasando a través de duras batallas y siempre perdiendo. Cada vez que veía a una chica corriendo en pantalones elásticos, prometía que no lo haría de nuevo. Pero siempre lo hacía.

Lo que había hecho era cambiar las fotos de mujeres desnudas de *Playboy* y *Gallery* por los anuncios sensuales y otros anuncios de revistas. Permanecía el pecado porque nunca había cambiado en verdad, nunca había rechazado del todo el pecado sexual, nunca había escapado de la esclavitud sexual.

Pasaron un par de meses, después un par de años. La distancia de Dios se hizo cada vez mayor y mi impureza todavía me gobernaba. Mi fe disminuía más con cada fracaso. Cada pérdida desesperada causaba más desesperación. Mientras que siempre podía *decir* que no, nunca podía *significar* que no.

Algo me atrapaba, algo incesante, algo que no podía quitarme de encima. ¿Y mi amistad con Cristo? Nuestra relación había cambiado. Él no había cambiado, pero yo sí. No había llegado a sus normas, y había dejado de moverme más cerca hacia la intimidad. Había dicho demasiadas veces que no en mi espíritu, y eso detenía el fluir del poder interno de Dios. Estaba en la esclavitud.

La norma de Dios es que ni siquiera mencionemos la inmoralidad sexual en nuestra vida. Si siguiéramos esta norma, nunca experimentaríamos la esclavitud sexual. Debería asombrarnos de que tantos hombres cristianos estén bajo esa esclavitud.

Nuestro Padre celestial está asombrado. He aquí nuestra paráfrasis de algunas preguntas que Dios hizo (en Oseas 8:5-6), revelando su asombro:

> ¿Qué está ocurriendo aquí? ¿Por qué están mis hijos eligiendo lo que es impuro? ¡Ellos son cristianos, por Dios santo! ¿Cuándo van a comenzar a actuar como tales?

Dios sabe que podemos optar por ser puros. Así que, ¿por qué no lo hacemos? No somos víctimas de alguna vasta conspiración para atraparnos sexualmente; solo que hemos elegido mezclar nuestras propias normas de conducta sexual con la norma de Dios. Ya que encontramos la norma de Dios muy difícil, creamos una mezcla: algo nuevo, algo agradable, algo mediocre.

¿Qué queremos decir por «mezcla»? Quizá un buen ejemplo es la definición confusa de «relaciones sexuales» que salió a la luz en el famoso escándalo sexual que envolvió al ex presidente Bill

Clinton. Después que el presidente declaró bajo juramento que no tuvo relaciones sexuales con Mónica Lewinsky, más tarde explicó que no consideraba que el sexo oral estuviera en esa categoría. Así que, de acuerdo a su definición, no había cometido adulterio.

Esto representa un gran contraste a la norma que Cristo enseñó: «Pero yo les digo que cualquiera que mira a una mujer y la codicia ya ha cometido adulterio con ella en el corazón» (Mateo 5:28). ¿Por qué se nos hace tan fácil mezclar nuestras normas de pecado sexual y tan difícil comprometernos a la verdadera pureza?

Porque estamos acostumbrados a ello. Toleramos con facilidad las normas mezcladas de pureza sexual porque aceptamos normas mezcladas en la mayoría de los otros campos de la vida.

¿Autenticidad o solo aceptación?

Pregunta: ¿Cuál es tu propósito en la vida: la autenticidad o la aceptación?

¿Cuál es la diferencia entre esos dos? Proponerse la aceptación es vivir de acuerdo a esta pregunta: «¿Qué tan lejos puedo ir y aún llamarme cristiano?». Tú deseas *parecer* ser un cristiano, pero también todavía deseas que te acepten tus amigos en la escuela y en el grupo de jóvenes, sin parecer extraño o ser un fanático. La autenticidad requiere una pregunta diferente, que se puede plantear de esta manera: «¿Qué tan santo puedo ser?».

Yo era el ejemplo perfecto de alguien que no trataba de alcanzar la autenticidad cristiana. Enseñaba clases en la iglesia, al frente de grupos de actividades, y asistía a clases de discipulado. Mi asistencia a la iglesia era ejemplar, y yo hablaba el lenguaje cristiano con fluidez. Parecía lo suficiente auténtico cuando me comparaba con mis compañeros.

Sin embargo, utilizando a nuestros colegas como ejemplos y buscando aceptación, solo cubrimos nuestras huellas pecaminosas. Pete y Mary asistían a mi clase prenupcial y Pete me impresionó desde el primer día. Creía todo lo que yo decía sin crítica ni duda, moviendo la cabeza en asentimiento aun a las enseñanzas más difíciles respecto a las responsabilidades del esposo, tales como ser un siervo.

Al final de la séptima semana, Pete y Mary me detuvieron después de la clase. «En verdad, su discusión sobre la pureza sexual pegó en el blanco la semana pasada», dijo Pete, «sobre todo cuando dijo que ver pornografía y películas sexuales no fortalecería la vida sexual de una pareja. Mi primera esposa me alquilaba películas pornográficas, y las veíamos juntos antes de acostarnos. A final de cuentas, eso nos dañó». Yo asentí, esperando que continuara. «Mary y yo no haremos esto en nuestro matrimonio».

Hasta ahora todo iba bien.

Sin embargo, podía ver que Mary, interrumpiendo, quería dar su punto de vista. «Hemos tenido una lucha constante sobre lo que vemos juntos», dijo ella. «A menudo alquilamos una película para verla en mi apartamento, pero usted sabe como es. La mayoría de las películas populares tienen algunas escenas muy picantes, y yo me estoy sintiendo cada vez más molesta con esto. Cuando se pone erótica, yo le digo a Pete que necesitamos apagarla, pero él se enoja, argumentando que invertimos buen dinero en alquilarla y es una pérdida apagarla. Así que me voy a la cocina a hacer algo mientras él termina viéndola.

Sus ojos se llenaron de lágrimas mientras bajaba su mirada. «Me parece que esas películas no son buenas para nosotros», dijo ella. «Le he pedido a Pete que lo deje de hacer por mí, pero no lo hace. Acostumbramos a orar juntos antes de que él se vaya a su casa, pero después de esas películas, me siento sucia y humillada. Esas películas se están interponiendo entre nosotros».

Desde luego, Pete se sentía avergonzado. Al menos en este aspecto, *no había llegado a la autenticidad.* De acuerdo a las normas de sus amigos, sabía que podía ver películas populares con situaciones sexuales eróticas y todavía «parecer» cristiano, y también ser aceptado. Eso era todo lo que necesitaba.

A su favor, Pete me preguntó lo que debía hacer. Le dije que siguiera la dirección de Mary y dejara de ver los vídeos sexuales, y él estuvo de acuerdo. Eso es autenticidad.

Así que... ¿estás siendo auténtico? Una vez le pregunté a Thomas, un pastor de jóvenes, que describiera el nivel de autenticidad que veía en su joven congregación.

—No mucha —fue su seca respuesta.

Le pedí que lo explicara.

—Parecen tener buenas intenciones —indicó—. Desean que Dios los use. El problema es que no dan el primer paso. Cuando les pregunto: "¿Por qué no tienen más hambre por el Señor?". Sé la respuesta con antelación. No quieren sobresalir. No quieren hacer el esfuerzo. Solo quieren aceptación. Quieren más *de* Dios, pero no quieren ser más *como* Dios. Para ellos la pureza sexual es un muro muy alto para escalar, así que se dan por vencidos. En general, no está presente el deseo de ser como Cristo.

—¿A qué se debe eso?

—Si fueran auténticos —dijo Thomas—, ellos dirían: "Cristo me salvó, así que quiero ser puro". Sin embargo, la mayoría son perezosos y apáticos al respecto, y no están dispuestos a hacer lo que se necesita. Para ellos todo es emoción. Salen del culto el miércoles en la noche animados y deseando ser diferentes, pero para media mañana del jueves ya se dieron por vencidos. Un adolescente auténtico diría: "Yo deseo ser libre del pecado". Aun así, la mayoría de mis chicos dirían: "Sería bueno estar libre del pecado", pero no están dispuestos a pagar el precio. Un adolescente auténtico diría: "Quiero ser un hombre de Dios". La mayoría de *mis* chicos diría: "Sería agradable ser un hombre de Dios si Él lo hiciera por mí."

¿Cuál vas a elegir *tú*?

Muchos optan por la aceptación sobre la autenticidad porque sienten que el segundo tiene un precio más alto. Están en lo cierto sobre el tamaño del precio. Vacías tu cartera para ser auténtico. Lo peor es que, a pesar del precio, la autenticidad no necesariamente remueve la lucha contra el pecado sexual. Hace poco hablé con Tara que había regresado de una universidad cristiana por el verano. Yo había escuchado que ella se había comprometido aun más profundamente al Señor. Intrigado, la detuve para preguntarle qué estaba sucediendo en su vida. Ella con alegría fue muy efusiva sobre el plan de Dios para su vida.

Después de un tiempo, añadió:

—Sabe usted, vi a un grupo de chicos en la universidad utilizando su libro *La batalla de cada hombre* como un medio de enseñanza. Yo me emocioné mucho por decirles que le conocía.

—Me alegro de escucharlo —le dije.

Y después de una pausa, ella se me acercó y susurrando me dijo:

—A la verdad que estoy enamorada de Jesús, pero tengo que admitir que la tentación sexual todavía es una lucha para mí con mi novio.

—Desde luego que sí —le comenté—. Lo comprendo perfectamente. Pero si tú continúas siendo auténtica con Dios sobre lo que es difícil, Él te ayudará.

Una sonrisa apareció en la cara de Tara, y le deseé lo mejor.

Juntos a medio campo

Tara está lista para luchar. ¿Lo estás tú?

Muy a menudo no hay una voz que nos rete a movernos a la obediencia y a la autenticidad. En lugar de eso, nos movemos más cerca de nuestros amigos, a menudo sentándonos juntos a medio campo, a buena distancia de Dios. Cuando sentimos el reto de sus normas más altas, nos consolamos en que no parecemos muy diferentes de otros cristianos a nuestro alrededor. El problema es, de la forma en que lo hemos visto, que tampoco parecemos muy diferentes a los que no son cristianos.

Cuando nos parecemos a los que no son cristianos, no hemos estado tomando con seriedad las normas de Dios. Eso es una prueba de que hemos mezclado nuestras propias normas. La mezcla puede destruir a la gente. Cuando los israelitas salieron de Egipto para ir a la tierra prometida, Dios les dijo que cruzaran el río Jordán y destruyeran toda cosa malvada en su nueva patria. Eso significaba matar a toda la gente impía y destruir sus ídolos pulverizándolos. Dios les advirtió que si no hacían esto, su cultura se «mezclaría» con la de los paganos y ellos adoptarían prácticas depravadas.

Sin embargo, los israelitas no tuvieron el cuidado de destruirlo todo. Les resultó más fácil tomar las cosas con más tranquilidad y detenerse a medio camino. Con el tiempo, los ídolos de la gente impía que no destruyeron se volvieron una trampa. Los israelitas se volvieron adúlteros en su relación con Dios y le dieron las espaldas en muchas ocasiones.

Como Él prometió, los sacó de su tierra. Aunque inmediatamente antes de la destrucción de Jerusalén y la deportación final de sus habitantes, Dios profetizó acerca de su pueblo y la cautividad venidera:

> Los sobrevivientes se acordarán de mí en las naciones donde hayan sido llevados cautivos. Se acordarán de cómo sufrí por culpa de su corazón adúltero, y de cómo se apartaron de mí y se fueron tras sus ídolos malolientes. ¡Sentirán asco de ellos mismos por todas las maldades que hicieron y por sus obras repugnantes! (Ezequiel 6:9).

Cuando entramos a la tierra prometida de nuestra propia salvación, se nos dijo que elimináramos todo indicio de inmoralidad sexual de nuestra vida. Desde que entraste a esa tierra, ¿fracasaste en destruir el pecado sexual? ¿Todo indicio de él? Si no, algún día te vas a detestar por ese fracaso, como lo hice yo. Yo no destruí mi pecado sexual y quedé atrapado.

En busca de la respuesta apropiada

El rey Josías de Israel tenía solo veintiséis años de edad cuando se enfrentó a una situación similar de abandono de las normas de Dios. En 2 Crónicas 34 leemos cómo un libro de la ley de Dios, olvidado por mucho tiempo, se encontró durante una extensa renovación del templo. Entonces el rey Josías escuchó mientras le leían esta ley en voz alta, haciéndole entender ineludiblemente las normas de Dios y el fracaso del pueblo de vivir de acuerdo a ellas.

Josías no dijo: «Ah, vamos, hemos vivido de esta forma por años. ¡No seamos legalistas en cuanto a esto!». No, él estaba horrorizado. Rasgó sus vestiduras en señal de duelo y desesperación. «Grande es la ira del Señor», dijo al reconocer de inmediato el abandono de su pueblo y buscó la dirección de Dios. Enseguida, Dios le respondió con estas palabras por la reacción de Josías:

> Como te has conmovido y humillado ante mí al escuchar lo que he anunciado contra este lugar y sus habitantes, y te has rasgado las vestiduras y has llorado en mi presencia, yo te he escuchado. Yo, el SEÑOR, lo afirmo. (2 Crónicas 34:27)

En este momento, nota cómo Josías al instante guió a toda la nación a un regreso total a la obediencia de las normas de Dios:

> Entonces el rey [...] acompañado de todos los habitantes de Judá y de Jerusalén, de los sacerdotes, de los levitas y, en fin, de la nación entera, desde el más grande hasta el más pequeño, el rey subió al templo del SEÑOR y, en presencia de ellos, leyó todo lo que dice el libro del pacto que fue hallado en el templo del SEÑOR. Después

> se puso de pie, junto a la columna del rey, y ante el SEÑOR renovó el pacto. Se comprometió a seguir al SEÑOR y a poner en práctica, de todo corazón y con toda el alma, sus mandamientos, preceptos y decretos, cumpliendo así las palabras del pacto escritas en este libro. Después hizo que todos los que se encontraban en Jerusalén y en Benjamín confirmaran el pacto. Y así los habitantes de Jerusalén actuaron según el pacto del Dios de sus antepasados.
>
> Josías suprimió todas las costumbres detestables que había en todo el territorio de los israelitas, e hizo que todos los que se hallaban en Israel adoraran al SEÑOR su Dios. Mientras Josías vivió, no abandonaron al SEÑOR, Dios de sus antepasados. (2 Crónicas 34:29-33)

Aquí no hay mezcla. Sabiendo que la norma de Dios es la norma para la verdadera vida, Josías se levantó y destruyó todo lo que se oponía a Dios.

Sin embargo, en realidad no fue fácil.

¿Estás listo para calcular el costo?

¿Y qué en cuanto a ti? Tampoco va a ser fácil para ti. Aunque ahora que has escuchado sobre la norma de Dios para la pureza sexual, ¿estás dispuesto, en el espíritu de Josías, a hacer un pacto de todo corazón y con toda tu alma de mantenerte en esa norma? ¿Destruirás toda cosa sexual que se oponga a Dios? ¿Te propondrás la autenticidad y la obediencia, adonde en verdad tienes el llamado para llegar?

Si has estado viviendo una vida de normas mezcladas, es probable que también tengas una mezcla en tus normas *sexuales*. Es probable que tengas al menos algún indicio de impureza sexual en tu vida. En ese caso, no estás listo para pagar el precio de la verdadera obediencia, como evitar la sensualidad que se encuentra en muchas películas de Hollywood. Como evitar pensamientos sexuales sobre la «diosa» en la escuela. Como entrenar a tus ojos para mirar en dirección opuesta a una bikini, a suéteres con grandes senos y a las mujeres sensuales que los usan.

Se está llevando a cabo una batalla espiritual por la pureza en el corazón y en el alma de toda persona. Los costos son reales. La obediencia es difícil, requiriendo humildad y mansedumbre, cualidades en verdad raras.

Nos contaron acerca de James, un adolescente respetado en su grupo de jóvenes, que rehusó prometer mantenerse sexualmente puro cuando lo presionaron a hacerlo. «Hay muchas situaciones inesperadas por ahí para que yo haga tal promesa», dijo. La traducción: «Quiero mantenerme abierto a todas las opciones».

James se quedó a mitad del camino. ¿Y tú?

El caso es este: La impureza sexual se ha vuelto muy difundida en la iglesia porque hemos pasado por alto la costosa labor de obediencia como individuos a las normas de Dios, preguntándonos demasiado a menudo: «¿Qué tan lejos puedo ir y aún ser llamado cristiano?». Hemos creado una imagen que puede parecer sexualmente pura, mientras permitimos que nuestros ojos jueguen con entera libertad cuando no hay nadie alrededor y evitamos el trabajo duro de la pureza.

De mis años universitarios (de Fred), el ejemplo de un hombre todavía me sirve como una advertencia. Durante mi primer año en Stanford, extrañaba mi casa. Un compañero de dormitorio que se crió cerca de la universidad sintió lástima de mí y me invitó a casa de sus padres a cenar. Ellos eran muy ricos, y su casa era impresionante. ¡Qué maravillosa noche! No solo me sirvieron alcachofas por primera vez (me fascinan hasta el día de hoy), sino que la madre era una anfitriona en extremo agradable. Esa noche supe que el padre, un destacado hombre de negocios, ocupaba una alta posición es su iglesia y creía en la importancia de tomar tiempo con la familia.

Unas pocas semanas más tarde, yo estaba sentado en una silla del barbero cuando el padre de mi amigo entró en la barbería. Siendo un poco tímido, no dije nada. A causa de mi cabello mojado y el paño del barbero alrededor de mi cuello, él aparentemente no reconoció a alguien que había visto una sola vez. Sentándose a esperar su turno, tomó una revista *Playboy*. ¡Yo estaba asombrado! Observé para ver si «solo estaba leyendo los artículos», pero de inmediato volteó la revista de lado para admirar a la Señorita Marzo en toda su gloria.

¿Así eres tú? ¿Hay un lado secreto y oscuro de tu imagen cristiana? Si eres un adolescente, ¿vas a viajes misioneros durante el verano, pero todavía acaricias los senos de una chica en el asiento trasero de un coche? Si estás en la universidad, ¿diriges un grupo de estudio bíblico, pero también creas fantasías en tu mente día y noche sobre las mujeres desnudas que ves en Internet?

¿Quién en verdad eres tú?

Una búsqueda por el agradable medio campo es un acercamiento inadecuado hacia Dios. Debemos calcular el costo de la pureza y pagarlo. Si no destruimos todo indicio de inmoralidad, nos capturará nuestra tendencia como varones a extraer gratificación sexual y éxtasis a través de los ojos, que es algo que discutiremos en el siguiente capítulo. Sin embargo, no podemos lidiar con nuestra masculinidad hasta que rechacemos antes nuestro derecho a normas mixtas.

capítulo 6

Solo por ser varón

Antes de que Brenda diera a luz a nuestro segundo hijo, yo (Fred) me convencí a través de la oración que el hijo sería varón, nuestro segundo hijo. Estaba tan confiado de esto que le dije a ella y a algunos buenos amigos que tenía la *seguridad* de que sería un niño.

Mientras se acercaba la fecha del parto, la presión aumentaba. «¿Por qué le dije eso a todos?», me quejaba. «¿Y si es una niña? ¿Y si estoy equivocado?»

Cuando le comenzaron los dolores de parto a Brenda, la presión parecía duplicarse a cada minuto. Al final, de pie bajo las brillantes luces de la sala de partos y observando a Brenda esforzándose en los últimos momentos antes del nacimiento, sabía que se acercaba el momento de la verdad.

La cabeza del bebé salió. *Qué bueno*, pensé. *Tendré perfecta visibilidad*. Con ansias, le decía con ternura a Brenda: «Vamos, mi amor. Puja un poco más».

Salieron los hombros. Unas pocas pulgadas más, pensé. ¿Y entonces? *¡Ah! ¿Qué está haciendo, doctor?* Él volteó al bebé hacia sí mismo al último momento, mientras salían las caderas y las piernas. Ahora solo podía ver la espalda del bebé. *Vamos, vamos*, gritaba para mis adentros.

Ni el doctor ni la enfermera decían nada. ¡Era una locura! De una manera metódica y eficiente, secaron al bebé, succionaron su garganta y le dieron una ligera nalgada al recién nacido. Cuando el doctor finalmente me presentó nuestro nuevo hijo, las piernas estaban separadas. Enseguida miré; yo tenía que saber.

«¡Es un niño!», exclamé. Definitivamente.

Y siendo un niño significaba tener ciertas cualidades que vienen «intrínsecas» con él.

Tenemos esas tendencias, chicos...

¿Por qué predomina el pecado sexual entre los hombres? Llegamos ahí de manera natural, sencillamente por ser varones.

Mi hijo Michael ahora tiene nueve años de edad y su hermano mayor, Jasen, tiene diecisiete, y le puedo asegurar que los dos son definitivamente varones. A medida que los he criado, me he dado cuenta de las tendencias naturales inherentes a la masculinidad que tocarán todos los aspectos de la pureza sexual en ellos, así como lo hacen en mí. En otras palabras, nuestra propia masculinidad, y tres tendencias masculinas en particular, representan la segunda razón principal (además de «quedarnos cortos») de la generalización de la impureza sexual entre los hombres.

Tendencia masculina #1: Somos rebeldes por naturaleza

Cuando Pablo le explicó a Timoteo que «no fue Adán el engañado, sino la mujer; y ella, una vez engañada, incurrió en pecado» (1 Timoteo 2:14), estaba notando que a Adán no lo engañaron para que comiera la fruta prohibida en el jardín del Edén. Adán sabía que era incorrecto, pero la comió de todos modos. En los milenios desde entonces, todos los hijos de Adán han tenido la tendencia a ser del mismo modo rebeldes.

El autor George Gilder, en su libro de 1973 *El suicidio sexual*, reportó que los hombres cometen más de noventa por ciento de los crímenes graves de violencia, ciento por ciento de las violaciones y noventa y cinco por ciento de los robos. Los hombres constituyen noventa y cuatro por ciento de los chóferes ebrios, setenta por ciento de los suicidios y noventa y un por ciento de los ofensores contra la familia y los niños. Con más frecuencia los principales protagonistas son hombres solteros.

Nuestra masculinidad trae un natural y excepcional estilo masculino de rebeldía. Esta tendencia natural nos da la arrogancia necesaria para no llegar a las normas de Dios. Como hombres, a menudo optamos por el pecado sencillamente porque nos gusta hacer las cosas a nuestra manera. Pensamos que somos diferentes. Pensamos que lo podemos enfrentar. Sin embargo, como vimos en los últimos capítulos, la mezcla de normas y las elecciones a nuestra manera atraparán aun a los mejores cristianos con los más profundos corazones.

Tendencia masculina #2: Tenemos un instinto sexual fuerte y normal

El varón humano, debido a la producción de esperma y otros factores, tiene un deseo natural de descarga sexual cada setenta y dos horas más o menos. ¿Cómo impacta este ciclo la pureza sexual de los ojos y de la mente? Significa que nuestro cuerpo no es confiable para ayudar mucho en la batalla por la pureza sexual y la obediencia. Nos podemos identificar fácilmente con Pablo:

> Así que descubro esta ley: que cuando quiero hacer el bien, me acompaña el mal. Porque en lo íntimo de mi ser me deleito en la ley de Dios; pero me doy cuenta de que en los miembros de mi cuerpo hay otra ley, que es la ley del pecado. Esta ley lucha contra la ley de mi mente, y me tiene cautivo. ¡Soy un pobre miserable! (Romanos 7:21-24)

Nuestros cuerpos a menudo se rebelan, enfrascándose en una batalla contra nosotros. Esta tendencia traidora impulsa nuestro instinto sexual a pasar por alto las normas de Dios. Cuando el motor de nuestro instinto sexual se combina con nuestra arrogancia natural masculina para ir por su propio camino, estamos cebados y abastecidos de combustible para nuestra cautividad sexual. La forma de ignición, mientras tanto, viene de la tercera tendencia masculina, que es la más mortal.

Tendencia masculina #3: Recibimos gratificación sexual a través de nuestros ojos

Nuestros ojos nos dan a nosotros los hombres la manera de pecar ampliamente y a voluntad. No necesitamos una cita. Nunca necesitamos esperar. Tenemos nuestros ojos, que podemos usar para embeber gratificación sexual en cualquier momento. Nos excitamos por una mujer desnuda de cualquier forma o figura.

No somos melindrosos. Puede venir con mucha facilidad de la foto de una mujer desnuda que no conocemos como de un incidente romántico con una novia desnuda. Tenemos un botón de ignición visual en cuanto se refiere a ver la anatomía femenina.

Las mujeres pocas veces comprenden esto porque no se estimulan sexualmente de la misma manera. Sus igniciones están atadas a caricias y a las relaciones. Consideran este aspecto visual de nuestra sexualidad como poco profundo y sucio, e incluso detestable. «La primera vez que escuché cómo son los hombres, me parecía muy extraño y diferente a cualquier cosa que pudiera imaginar», dijo mi esposa Brenda. «Me costó trabajo creerlo y de vez en cuando me pregunto si los hombres lo están inventando. No quiero parecer cruel, pero como las mujeres en general no experimentamos este problema, nos parece que la mayoría de los chicos no piensan en otra cosa que no sea la relación sexual».

Debido a que las mujeres no pueden entenderlo, tienen poca misericordia de nosotros y es muy raro que decidan vestirse con modestia. ¡Caminar por los pasillos de cualquier escuela secundaria en los Estados Unidos puede dejar a un chico sin aliento! Sin embargo, la gratificación sexual visual no es cuestión de risa en su carrera hacia la pureza sexual. Debido a lo que la más mínima desnudez hace a los centros de placer de nuestro cerebro, y puesto que es muy fácil en estos días ver a muchas mujeres desnudas o semidesnudas, no es extraño que nuestros ojos se resistan al control.

Nos referimos a las caricias visuales estimulantes

Vamos a redefinir esta tercera tendencia natural en otras palabras para que no pierdas el significado: *Para los hombres, la impureza de los ojos son caricias visuales estimulantes.*

Eso es cierto. Es igual que acariciar la parte interior del muslo o frotar un seno. Recuerda: Las caricias estimulantes son cualquier acción sexual que nos lleva de manera natural a tener relaciones sexuales. Las caricias estimulantes encienden las pasiones, moviéndonos hacia adelante por etapas hasta que llegamos al final.

Dios considera que las caricias estimulantes fuera del matrimonio son incorrectas. Vemos un destello de esto en Ezequiel 23:3 donde Dios, representando la rebeldía de su pueblo escogido, usa la imagen de vírgenes en pecado apasionado: «Desde jóvenes se dejaron manosear los senos: en Egipto se prostituyeron y dejaron que les acariciaran sus pechos virginales». Si alguna vez has argumentado que Dios no hace referencia a «caricias sexuales» en la Biblia, permite que este versículo te ayude a corregir tu forma de pensar. Igual de instructivo es el significado en general de la enseñanza del Nuevo Testamento sobre la pureza sexual (de la cual hicimos una lista al final del capítulo 3) y la aplicación de esas normas, de modo mental y también físico. Desde el punto de vista de Dios, la relación sexual es mucho más que estar dentro de una mujer.

¿Qué acciones constituyen caricias estimulantes? No cabe duda que acariciar los senos es estimulante. ¿Por qué? Porque es obvio que te van a llevar a tener relaciones sexuales. Si no con ella esta noche, al menos con masturbación más tarde en la casa. Si no con ella esta noche, quizá mañana en la noche cuando su voluntad se ha debilitado.

La masturbación mientras fantaseas con chicas en específico o con ciertas fotos es lo mismo que hacerlo. ¿Recuerdas la norma que estableció Jesús?

> Ustedes han oído que se dijo: «No cometas adulterio». Pero yo les digo que cualquiera que mira a una mujer y la codicia ya ha cometido adulterio con ella en el corazón. (Mateo 5:27-28)

Para los hombres casados pensar con lujuria en otra mujer es lo mismo que cometer adulterio físico. Si eso es cierto, para los hombres solteros pensar con lujuria en una mujer sin duda también debe ser lo mismo que hacerlo. ¡Cuánto más es así si te estás masturbando mientras lo haces!

¿Qué otras cosas son caricias estimulantes? Las caricias mutuas de las áreas genitales son estimulantes. Aun acariciar la parte superior del muslo puede ser una caricia estimulante. (Los hombres jóvenes quizá no lo vean de esa forma, ¡pero los padres sí! Si yo veo a un chico acariciando el muslo de mi hija, yo no guiñaría el ojo y me voltearía.) Cuando una chica recuesta su cabeza en el regazo de un muchacho, eso es una caricia estimulante. A lo mejor piensas que es algo muy ligero, pero eso hará que tu motor esté corriendo a niveles demasiado altos para motores jóvenes. Incluso el baile lento puede ser una caricia estimulante si ciertas partes del cuerpo están en contacto cercano.

Esto no quiere decir que las parejas jóvenes no se puedan relacionar físicamente en formas que no son caricias estimulantes, tales como tomarse de las manos, caminar tomados del brazo o aun participar de un ligero beso. Sin embargo, besarse con fuerza en el cuello y el pecho lleva con naturalidad a quitarse alguna ropa, lo cual lleva a la masturbación mutua, lo que a su vez lleva a las relaciones sexuales.

Quizá te estés preguntando: «¿Qué tiene que ver todo esto con mis ojos?». La impureza de los ojos proporciona una cierta gratificación sexual. ¿No es eso una forma de caricias estimulantes? Cuando ves una escena apasionada en una película, ¿hay una contracción abajo de tu cinturón? ¿Qué estás pensando cuando estás en la playa y de pronto te enfocas en una preciosidad en una bikini pasando cerca de ti? Respiras con dificultad mientras el Centro de Control de Cohetes anuncia: «¡Tenemos ignición!». Tú la tienes en tu cama enseguida, aunque solo sea en tu mente. O archivas la imagen y fantaseas con ella más tarde.

Fijas tu mirada en una provocativa modelo y la codicias. Las revoluciones de tu motor llegan hasta la zona roja, y necesitas alguna forma de descarga o tu motor va a reventar. Estás preparando tu cuerpo para tener relaciones sexuales, aun si son «relaciones sexuales falsas» con un tarro de vaselina.

Sin duda alguna: La gratificación sexual visual es una forma de relación sexual para los hombres. Como hombres, extraemos gratificación sexual y una excitación química a través de los ojos. Alex lo recuerda cuando estaba viendo televisión con su cuñada. El resto de la familia estaba en el centro comercial.

> Ella estaba acostada boca abajo en el suelo frente a mí, con pantalones cortos ajustados, y se había quedado dormida viendo televisión. Yo estaba en el sillón, y al mirar hacia abajo observé la parte superior de su muslo y un poco de su ropa interior. Traté de obviarlo, pero mi corazón comenzó a bombear con más rapidez, y mis ojos seguían mirando la parte posterior de su muslo. Se volvió tan emocionante que comencé a fijar mi mirada en ella y me excité de verdad. Tenía que descargarme de alguna forma. Me masturbé mientras ella dormía, ahí mismo al descubierto.

En el caso de Alex, la impureza de los ojos era claramente caricias estimulantes, lo cual lo llevó a más pecado. Es crítico que reconozcamos la impureza sexual visual como caricias estimulantes. Si ver cosas sensuales solo proporcionara una emoción de apreciación por la belleza de una mujer, no sería diferente a ver el increíble poder de una tormenta sobre los campos de maíz en Iowa. No habría pecado y no habría problema. Aunque, si *es* una caricia estimulante, y tú *estás* recibiendo gratificación sexual, deshonras tu cuerpo y tus relaciones:

> Huyan de la inmoralidad sexual. Todos los demás pecados que una persona comete quedan fuera de su cuerpo; pero el que comete inmoralidades sexuales peca contra su propio cuerpo. ¿Acaso no saben que su cuerpo es templo del Espíritu Santo, quien está en ustedes, y al que han recibido de parte de Dios? Ustedes no son sus propios dueños; fueron comprados por un precio. Por tanto, honren con su cuerpo a Dios. (1 Corintios 6:18-20)

Y es seguro que estarás pagando un precio del que ni siquiera eres consciente:

> No se engañen: de Dios nadie se burla. Cada uno cosecha lo que siembra. El que siembra para agradar a su naturaleza pecaminosa, de esa misma naturaleza cosechará destrucción. (Gálatas 6:7-8)

Los ojos aprietan el cuello

Nuestros ojos, entonces, explican por qué nadie se escapa, y el problema nunca se elimina sin una batalla. Antes de experimentar victoria sobre el pecado sexual, estamos doloridos y confusos. *¿Por qué no puedo ganarle a esto?*, pensamos. Mientras la batalla está ocurriendo, y las pérdidas se van acumulando, comenzamos a dudar todo acerca de nosotros mismos, aun de nuestra salvación. En el mejor de los casos, pensamos que tenemos un grave defecto, o peor, que somos personas perversas. Nos sentimos muy solos, ya que los hombres hablan muy poco de estas cosas.

Aun así, la respuesta está más en nuestros ojos que en nuestras almas. Lo más probable es que nuestros comportamientos «adictivos» no están arraigados en algún profundo y oscuro laberinto mental entre sombras o alguna debilidad. Más bien se basan en una emoción de placer que entra a través de los ojos. Los hombres reciben una excitación química de imágenes llenas de sexualidad cuando una hormona llamada epinefrina es secretada al torrente sanguíneo. Esto encierra en la memoria cualquier estímulo que esté presente en el momento de la excitación emocional.

Por lo tanto, nuestro «ojo de la mente» es capaz de causar la misma excitación química a través de las fantasías. Hemos aconsejado a hombres que se estimulaban de manera emocional y sexual con solo pensar en la actividad sexual. Un chico propuesto a comprar la revista *Husler* en la tienda local se siente estimulado sexualmente mucho antes de entrar a la tienda. Su estimulación comienza en su proceso mental, el cual despertó su sistema nervioso, que a su vez secretó epinefrina a su torrente sanguíneo.

¿Por qué no podemos decir que no con facilidad? ¿Por qué regresan nuestros ojos con tanta rapidez hacia las mujeres sensuales? ¿Por qué corren nuestras mentes a fantasear? La respuesta es *porque nos sentimos obligados por la excitación química y la gratificación sexual que trae.*

Estamos diciendo sencillamente que la habilidad de los ojos y la mente del varón para extraer verdadera gratificación sexual del mundo a su alrededor comienza a explicar por qué el pecado sexual es tan común. Es más, explica muchas cosas.

En primer lugar, explica por qué los hombres jóvenes experimentan con la masturbación a una edad temprana en su vida. Con todas estas «caricias estimulantes» de los ojos ocurriendo, y sin una guía sobre qué hacer con los sentimientos, el resultado es comprensible. No es motivo de sentir una profunda vergüenza al respecto, como si fueras un extraño perverso o algo parecido. Tú no lo eres.

En segundo lugar, esto explica por qué Pablo pone el pecado sexual en su propia y singular categoría:

> Huyan de la inmoralidad sexual. Todos los demás pecados que una persona comete quedan fuera de su cuerpo; pero el que comete inmoralidades sexuales peca contra su propio cuerpo. (1 Corintios 6:18)

Los medios para pecar están *en nuestro cuerpo*; no podemos separarnos de nuestros ojos ni de nuestra mente como lo hacemos de las drogas. Esto también explica por qué la oración por sí sola muchas veces no basta para una victoria total. Podemos ir al altar de la oración y recibir liberación, pero si nos quedamos cortos y nunca cerramos del todo las puertas de nuestros ojos a la contaminación sexual, las aguas residuales entran de nuevo día tras día. Las excitaciones químicas regresan y nos capturan de nuevo.

Así que mientras debemos orar sobre el pecado sexual en la esfera *espiritual*, tenemos también nuestras órdenes en el campo de batalla *físico*. Se nos ordena que evitemos de manera activa y por elección el pecado sexual: «Huyan». No es falta de espiritualidad ni «carnal» tomar un papel activo en esta batalla y desarrollar defensas. Dios nos ordena que lo hagamos. ¿Qué es más espiritual que la obediencia?

En tercer lugar, explica por qué aun los hombres casados continúan atrapados después de la boda. Casado o no, debes preparar a tus ojos y tu mente para ser puros o continuarán haciendo lo que viene con naturalidad.

Estos chicos saben todo esto

Hace poco desayuné con algunos chicos de Columbia, Missouri, que habían leído *La batalla de cada hombre* como parte de un grupo de hombres en su iglesia. El libro incluye el siguiente examen para ayudar a los lectores a determinar el nivel de sus ansias sexuales adictivas:

1. ¿Fijas tu mirada cuando una mujer atractiva viene cerca de ti?
2. ¿Te masturbas con imágenes de otras mujeres?
3. ¿Descubriste que tu esposa te satisface menos sexualmente?
4. ¿Tienes un resentimiento contra tu esposa, un resentimiento que te da un sentido de derecho?
5. ¿Buscas artículos o páginas de fotos en los periódicos y revistas que te excitan sexualmente?

6. ¿Tienes un lugar privado o un compartimiento secreto que mantienes escondido de tu esposa?
7. ¿Esperas con ansias salir a un viaje de negocios?
8. ¿Practicas comportamientos que no puedes discutir con tu esposa?
9. ¿Frecuentas sitios relacionados con la pornografía en Internet?
10. ¿Ves películas restringidas, vídeos sexuales o un canal pornográfico de televisión buscando gratificación?

Mientras nos comíamos los huevos con salchicha, hablamos sobre cómo salieron los chicos en este pequeño examen sobre las ansias. Algunos de los dieciséis hombres admitieron que habían contestado que sí en ocho o nueve de las preguntas, y ningún hombre tuvo una calificación de menos de cuatro. No hace falta mucha imaginación para ver cómo el mito de la bifurcación es tan peligroso. Mientras que una ceremonia de graduación o una recepción de boda pueden indicar que has cruzado la línea hacia una nueva vida adulta, separada en tu mente, las ansias adictivas por esas excitaciones químicas sexuales no tienen límite. Tus ojos y tu cerebro van contigo a cualquier futuro que elijas.

Te comentaré algunas otras historias sobre este problema. Thad se está recobrando de una dependencia de drogas en un ministerio cristiano local. Él dice lo siguiente:

> Me he estado esforzando mucho a fin de poner mi vida en orden. En el centro de rehabilitación de drogas, he aprendido más acerca de mí y mi adicción a las drogas, pero he descubierto una segunda cosa inesperada: tengo un problema mirando a las mujeres.
>
> Quiero ser libre, pero me siento frustrado y enojado con la iglesia. La Biblia dice que las mujeres se deben vestir con modestia, pero no lo hacen. Las solistas están siempre usando la última moda en vestidos muy ajustados. Yo las veo, pero todo lo que veo son curvas y piernas. Ya sabe, ¿esa que siempre usa un vestido con una

abertura hasta lo alto del muslo? Se le ve el muslo en cada paso que da. Créame, ¡yo lo noto!

Kerry, un estudiante de secundaria de dieciocho años de edad, nos dijo que él absolutamente tiene pavor a entrar en su habitación:

> Siempre estudio en la sala de estar tan tarde como puedo. Titubeo antes de regresar a mi habitación porque sé lo que va a suceder. Antes de que pase mucho tiempo, tengo la computadora encendida. Yo me digo que será solo por un minuto mientras reviso mi correo electrónico, pero sé que miento. Sé lo que en verdad deseo. Estoy esperando ver una pequeña escena sexual o dos mientras busco en mi computadora. Me digo que solo dedicaré un minuto o dos, o que me detendré antes de entusiasmarme. Entonces mi motor comienza a correr y quiero cada vez más, algunas veces abriendo los sitios en realidad pornográficos.
>
> Las revoluciones van tan rápidas que tengo que hacer algo o siento que el motor va a reventar. Así que me masturbo. En algunas ocasiones lucho contra ello, pero si lo hago, más tarde cuando apago las luces, estoy anegado de pensamientos y deseos lujuriosos. Permanezco mirando al techo con los ojos bien abiertos. No veo nada, pero en verdad siento el bombardeo, el palpitante deseo. No tengo manera de quedarme dormido y me está matando. Así que digo: *Muy bien, si me masturbo, tendré paz, y al fin me podré quedar dormido*. Así que lo hago, ¿y qué cree usted? La culpa es tan grande que no me puedo dormir. Me despierto del todo exhausto en la mañana.
>
> ¿Qué está mal en mí?

¿Y tú qué? Quizá es cierto que cuando tú y una belleza llegan a una puerta a la misma vez, esperas para que ella pase primero, pero no lo haces por cortesía. Quieres seguirla al subir los escalones y verla de arriba abajo; admirar su trasero. Quizá has conducido tu coche al estacionamiento del gimnasio local después de la escuela, viendo saltar a las compañeras de clase escasamente vestidas; y fantaseas y hasta quizá te masturbes en el coche. Aunque te preguntas qué anda mal en ti, no lo puedes evitar.

Es un asunto de masculinidad contra hombría

Si nos metemos en el pecado sexual de manera natural, solo por ser varón, ¿cómo salimos? Bueno, no podemos eliminar nuestra masculinidad y, en realidad, no queremos.

Por ejemplo, al final queremos ver a nuestras futuras esposas y desearlas sexualmente. Nos parecerán bellas y recibiremos la gratificación sexual cuando las admiremos, a menudo soñando despiertos sobre esa noche y lo que traerá el ir a la cama. En el lugar apropiado, la masculinidad es maravillosa. La constelación total de atributos masculinos es una asombrosa creación especial de Dios que nos prepara para guiar y proteger nuestros hogares con valor y fortaleza. ¡No podemos eliminar eso!

Sin embargo, nuestra masculinidad es también una raíz fundamental del pecado sexual. Por lo tanto, ¿qué hacemos?

Necesitamos elegir ser *más* que un varón.

Necesitamos optar por la hombría.

Si has escuchado alguna vez a un orador para jóvenes animándote a «tomarlo como un hombre», te estaba animando a elevarte a la norma de la hombría. Desea que alcances tu potencial, que te eleves por encima de tu tendencia natural a mezclar sus normas y buscar el camino fácil. Es por eso que dijo: «Sea un hombre».

Nuestro Padre celestial también nos exhorta a ser hombres, aun durante esos tempranos años de nuestra vida. Desea que seamos como Él. Cuando nos llama a «ser perfectos así como su

Padre celestial es perfecto», nos está pidiendo que nos elevemos por encima de nuestras tendencias naturales: los ojos impuros, las mentes fantasiosas y los corazones errantes. Su norma de pureza no es natural para nosotros, pero Él nos llama a elevarnos, por el poder de su presencia en nosotros, y hacer lo que se tiene que hacer.

Antes de que el ejército que comandaba entrara a una batalla importante, Joab le decía a las tropas de Israel: «¡Ánimo! ¡Luchemos con valor por nuestro pueblo y por las ciudades de nuestro Dios» (2 Samuel 10:12). En resumen, estaba diciendo: «Sabemos el plan de Dios para nosotros. ¡Vamos a levantarnos como hombres y a poner nuestro corazón para hacerlo!».

Respecto a la integridad sexual, Dios desea que te levantes y lo hagas. Llegará el momento en el que tendrás que tomar una decisión. No puedes escapar a esta lucha, como ya le hemos mostrado con claridad. ¿No es tiempo de que resistas?

Si dices que sí, debes seguir el ejemplo de tus modelos a imitar, algo que discutiremos en el próximo capítulo.

TERCERA PARTE

Opta por la auténtica hombría

capítulo 7

Tú puedes elegir la verdadera hombría

Muchos de nosotros no tenemos buenos modelos a imitar, aun en nuestros propios padres. En el peor de los casos, a nuestros padres no les interesan las normas sexuales de Dios. Por ejemplo, después que le propuse matrimonio a Brenda, mi padre me llamó a un lado y me dijo tranquilamente: «Mi hijo, sé lo que dice la Biblia sobre las relaciones sexuales antes del matrimonio, y tú y yo somos cristianos y todo lo demás. Sin embargo, la sexualidad es demasiado importante para que te cases sin tener antes relaciones sexuales con Brenda. No corras el riesgo de casarte con una mujer frígida».

Es probable que mi papá hubiera sido un buen modelo a imitar en muchas formas, pero en el campo de la sexualidad, era un desastre.

Yo no era el único. Tyler, un estudiante de tercer año de secundaria en nuestro grupo de jóvenes, tiene una madre fuerte luchando por su pureza, pero cuando el padre de Tyler le presta su camioneta para citas y le da las llaves, nunca deja de recordarle: «No te olvides, Ty, he puesto una gran cantidad de condones en la guantera para ti». Entonces cuando Tyler le devuelve las llaves, su padre le pregunta: «¿Te pudiste acostar con ella?».

Brandon me contó que había estado con un grupo de amigos jugando «Nintendo» un sábado tarde en la noche. Debía estar en su casa para las once de la noche, pero se quedó dormido y no se despertó hasta las tres de la mañana. Horrorizado, corrió a su casa en su coche y se encontró a su mamá de rodillas orando con desesperación para que regresara a salvo, llorando sin parar. ¿Y dónde estaba su papá? Se había acostado hacía varias horas, burlándose de las oraciones de su esposa y diciendo alegremente: «¡Deja de preocuparte! A lo mejor se encontró con alguna chica preciosa y está teniendo relaciones sexuales por primera vez. Ya es hora de que crezca».

Aun los mejores padres temen discutir este asunto y no se sienten con el valor suficiente de expresar las verdades que desean comunicar con profundidad a sus hijos. Kenny me dijo: «Cuando estaba en la secundaria, recuerdo el día en que mi padre y yo veníamos de regreso a casa de un viaje de pesquería en el sur de Missouri. Noté que sus manos estaban apretando el volante y entonces me dijo: "Hijo, ya estás creciendo. ¿Tienes algunas preguntas sobre las chicas?"

»Y en mi gran sabiduría a los quince años de edad le dije con énfasis: "¡No!" Y en todo el viaje no se dijo nada más. A decir verdad, jamás se habló del asunto de nuevo. En ese entonces no sabía nada y, después de unos años, todavía sigo aprendiendo. Qué pérdida», concluyó Kenny.

Así que, ¿quién será tu modelo a imitar?

Siga estas manos y ojos

Esperamos que tu propio padre sea un excelente modelo para que lo imites. Si eso no es posible, o muy poco probable, la Biblia nos da modelos a imitar que pueden ocupar el papel de tu padre si es necesario. Mientras observamos a esas personas, ¿qué aprendemos acerca del significado de la verdadera hombría, sobre todo respecto a cómo lidiar con nuestros ojos, nuestras mentes y nuestros cuerpos?

Por ejemplo, enfoquémonos en las manos por el momento. En un boletín, el autor y orador Dr. Gary Rosberg dice haber visto un par de manos que le recordaron las manos de su padre, que se había ido al cielo. Gary continuó recordando sobre lo que las manos de su padre significaban para él. Entonces cambió sus pensamientos a las manos de Jesús notando esta sencilla verdad: «Eran manos que nunca tocaron de manera indecorosa a una mujer».

Cuando yo (Fred) leí esto, la angustia me partía el alma. Ah, ¡cómo deseaba poder decir eso acerca de mis propias manos! He degradado a mujeres con mis manos y he lamentado el pecado. Sin embargo, a medida que pienso más en esto me doy cuenta que desde el primer año de mi salvación, no he tocado a una mujer de manera indecorosa. ¡Eso me hizo sentir bien!

Me puse a pensar por un poco más de tiempo en las palabras de Gary. Las manos de Jesús nunca tocaron a una mujer indecorosamente, pero Jesús dijo que codiciar con los ojos es lo mismo que tocar. Dado el caso de que Jesús nunca pecó, de repente me doy cuenta que Jesús no solo nunca tocó a una mujer de esta manera, sino que nunca ni siquiera miró así a una mujer. ¿Pudiera yo decir eso?

En verdad, no puedo. Aunque había recibido salvación, todavía miraba a las mujeres de modo indecoroso.

«Ah, no seas tan duro contigo», dirías. «Es natural para los hombres ver. Es parte de nuestra naturaleza». Aun así, lo que estás haciendo es robar. La vida de pensamientos impuros es la de un ladrón. Robas imágenes que no son tuyas. Cuando miraste hacia adentro de la blusa de una mujer que no era tu esposa, robaste algo que no era tuyo. Cuando tuviste relaciones sexuales antes del matrimonio, tocaste a alguien que no te pertenecía. Es como caminar por la calle detrás de alguien que se le cae un billete de cien dólares y lo recoges. Si decides quedarte con el dinero en vez de decir: «¡Oiga, señor!», tomaste algo que no te pertenece.

Asimismo, si una mujer bien formada se inclina y te enseña sus senos mientras continúas mirándola, eres un ladrón. Necesitas dejar esa valiosa creación en las manos de Dios y su esposo o su futuro esposo. Cuando somos ladrones con nuestros ojos, tomamos gratificación sexual de lugares que no nos pertenecen, de mujeres que no están relacionadas con nosotros. En este campo, Jesús, que nunca miró a una mujer de manera indecorosa, es sin duda nuestro modelo a imitar.

«¡Claro, seguro!», dices. «Él era Dios. ¡No es justo esperar que yo viva como Él!»

Quizá. Aunque si, debido a su deidad, las normas personales de Jesús te parecen inalcanzables, veamos otro modelo de hombría a imitar de las Escrituras en el aspecto de la pureza sexual.

Solo un hombre, un gran modelo

Su nombre era Job, y aunque no lo pensarías, este hombre es el modelo fundamental en las Escrituras de pureza sexual a imitar. La historia de Job se desarrolla en el Antiguo Testamento, donde en el primer capítulo del libro que lleva su nombre, vemos a Dios presumiendo acerca de Job con Satanás:

> ¿Te has puesto a pensar en mi siervo Job? —volvió a preguntarle el SEÑOR. No hay en la tierra nadie como él; es un hombre recto e intachable, que me honra y vive apartado del mal. (Job 1:8)

¿Estaba orgulloso Dios de Job? ¡Desde luego que sí! Aplaudía la fidelidad de su siervo con palabras de la más alta alabanza. Si caminas en la pureza, recto e intachable, Él hablará con mucho orgullo de ti. Aunque, si no lo haces, este pasaje de la Escritura puede en realidad desalentarte cuando compares tu vida a la de Job. No te desanimes. En lugar de eso, aprende de Job.

Primero necesitamos aprender más acerca de cómo lo hizo Job. En Job 31:1, lo vemos haciendo esta asombrosa declaración: «Yo había convenido con mis ojos no mirar con lujuria a ninguna mujer».

¡Un pacto con sus ojos! ¿Quieres decir que él hizo una promesa con sus ojos de no mirar a una mujer joven? ¡No es posible! ¡No puede ser verdad!

Sin embargo, Job lo pudo lograr; de otra manera, no hubiera hecho esta promesa:

> Si por alguna mujer me he dejado seducir, si a las puertas de mi prójimo he estado al acecho, ¡que mi esposa muela el grano de otro hombre, y que otros hombres se acuesten con ella! (Job 31:9-10)

Job había tenido total éxito, de otra forma no hubiera podido hacer esta declaración de su corazón. Sabía que había vivido como era debido, y sabía que sus ojos y su mente eran puros. Juró por su esposa y su matrimonio, delante de Dios y el hombre.

Regresemos al principio de las historia y leamos el primer versículo del libro de Job: «En la región de Uz había un hombre recto e intachable, que temía a Dios y vivía apartado del mal. Este hombre se llamaba Job».

¡Job era un simple hombre! A medida que te des cuenta de eso, estas preciosas palabras deben inundar tu alma con gloria: *Si Job pudo hacerlo, yo también puedo.* Dios quiere que sepas que aun con tu hombría y todas tus tendencias molestas, puedes elevarte por encima de la impureza sexual.

Haz tu pacto ocular

Cuando yo (Fred) por primera vez consideré en serio el ejemplo de Job, medité en sus palabras por días y días. Job y yo éramos diferentes en solo una cosa: nuestras acciones. Dios lo llamo «intachable». Yo no era intachable, pero como era un hombre, igual que Job, tenía que haber esperanza.

Después de unos días, mi mente se enfocó en la palabra *pacto.* ¿Qué era eso? Aprendí que un pacto es un acuerdo entre Dios y el hombre. ¿Y cómo haría uno? Y si le hiciera una promesa a Dios, ¿sería confiable en mantener mi palabra?

Y después estaba el problema de mis ojos. ¿Era de esperar que mis ojos guardaran el pacto? ¡Los ojos no pueden pensar ni hablar! ¿Cómo mantienen una promesa?

Un día tras otro mi mente regresaba a este concepto del pacto, tratando de comprenderlo de manera intelectual, mientras yo continuaba en mi pecado. Sin embargo, algo se revolvía en lo profundo de mi alma.

Entonces sucedió. Recuerdo el momento, el lugar exacto en la calle Merle Hay en Des Moines, cuando sucedió todo. Minutos antes, le había fallado a Dios con mis ojos ya por treinta millones de veces. Una mujer corriendo, su radiante cuerpo capturando mis ojos mientras conducía cerca de ella, me excitó por completo. Sin embargo, tan pronto la pasé, mi corazón se agitó de culpa, pecado y tristeza. Conduciendo por la calle Merle Hay, me aferré del volante y con los dientes apretados, grité: «¡Ya basta! ¡Ya terminé con esto! Estoy haciendo un pacto con mis ojos. No me importa lo que tome y no me importa si muero en el intento. Aquí se termina. ¡Aquí se termina!».

Hice ese pacto y lo construí ladrillo a ladrillo. Más adelante Steve y yo te enseñaremos el anteproyecto para construir ese muro de ladrillos, pero por ahora, estudia mi progreso:

- Tomé una decisión clara.
- Decidí hacer un cambio de una vez por todas.

No puedo describir cuánto ha significado esa decisión para mí. Torrentes de frustración de los años de fracasos manaron de mi corazón. ¡Ya no quería más de eso! En ese entonces no estaba del todo convencido que podía confiar en mí mismo, pero al fin me había comprometido para la batalla. Después de hacer un pacto con Dios respecto a mis ojos, todas mis facultades mentales y espirituales se enfocaron en un solo blanco: mi impureza.

No sigas a este afeminado

Es probable que estés pensando: *¿Quién en sus cabales haría un pacto con sus ojos como este? Parece una locura.* Quizá te parezca extraño lo que hice en la calle Merle Hay. Aunque recuerda que a menudo los actos de obediencia parecen extraños e incluso ilógicos.

Para ayudarte a comprender mi postura, veamos en la Biblia la historia de un hombre que no lo comprendía. Su nombre era Sedequías, el mayor afeminado en la Biblia. Gobernaba como rey en Jerusalén cuando los babilonios amenazaron con capturar y destruir la ciudad y acabar con la nación de Judá.

La falta de hombría de Sedequías salió a la superficie en los acontecimientos que se describen en Jeremías 38. Como profeta de Dios, Jeremías sabía cuál sería el resultado de la invasión babilónica, y él se lo informó al decirle:

> Así dice el SEÑOR: «El que se quede en esta ciudad morirá de hambre, por la espada, o por la peste. Pero el que se pase a los babilonios vivirá. ¡Se entregará como botín de guerra, pero salvará su vida!» Así dice el SEÑOR: «Esta ciudad caerá en poder del ejército del rey de Babilonia, y será capturada». (Jeremías 38:2-3)

Cuando Sedequías escuchó esto, permitió que sus oficiales echaran a Jeremías en una cisterna profunda para callarlo. Más tarde ordenó a sus siervos que sacaran al profeta, pero todavía mantuvo a Jeremías bajo arresto. Entonces un día, estando Jerusalén sitiada, el rey llamó a Jeremías a una reunión secreta. El profeta le dijo al rey lo que debía hacer.

> Así dice el SEÑOR Todopoderoso, el Dios de Israel: «Si Su Majestad se rinde ante los jefes del rey de Babilonia, salvará su vida, y esta ciudad no será incendiada; Su Majestad y su familia vivirán. Pero si no se rinde ante los jefes del rey de Babilonia, la ciudad caerá bajo el poder de los caldeos, y será incendiada, y usted no tendrá escapatoria». (Jeremías 38:17-18)

¡Rendirse! Dios, a través de Jeremías, le estaba pidiendo al rey que hiciera algo muy difícil, algo que no tenía sentido.

¿Quién en sus cabales dejaría la fortaleza para rendirse al enemigo? Parecía una locura. Sin embargo, la palabra de Dios era clara. La ciudad caería sin importar si ellos se quedaban o se iban.

Sedequías expresó este temor, pero Jeremías permaneció firme, diciendo: «Obedezca Su Majestad la voz del SEÑOR que yo le estoy comunicando y no caerá en manos de los babilonios. Así le irá bien a usted, y salvará su vida» (Jeremías 38:20). Aun así, Sedequías, indeciso y temeroso falló en obedecer. Hacer lo debido era demasiado ilógico, demasiado costoso. Los resultados para él, para su familia y para su nación fueron trágicos.

¿El hombre de los hombres o el hombre de Dios?

Cuando vamos al grano, la definición de Dios de la verdadera hombría es directa y sencilla: Escuchar su voz y seguirla. No es alguien decidiendo que «o lo hago a mi manera o no lo hago» o «haré lo que yo quiera cuando yo quiera».

¿Has conocido alguna vez a un hombre que su barba sea tan densa que utilice dos cuchillas para afeitarse en la mañana: una para cada lado de su cara? A media tarde, su sombra de las cuatro de la tarde es tan notable que tiene que afeitarse de nuevo. ¡Cuatro cuchillas en un día! Para aquellos de nosotros que somos «hombres suaves» vemos asombrados a este hombre rudo.

Sin embargo, a Dios no le importa eso. Cuando Dios mira a su alrededor, no busca lo que todo el mundo llama un hombre de hombres; busca un «hombre de Dios». Su definición de un hombre (alguien que escucha su Palabra y actúa de acuerdo a ella) es difícil, pero al menos está clara.

Mientras tanto, los resultados de fracasar en ser un hombre de acuerdo con la definición de Dios pueden tener un final trágico. La realidad es, como Gálatas 6:7-8 nos dice, que de Dios nadie se burla: Tú cosechas lo que sembraste, tanto lo bueno como lo malo.

Para estos momentos, debes entender la orden de Dios de que debes eliminar de tu vida todo indicio de inmoralidad sexual. Si lo haces, como Job lo hizo a través del pacto con sus ojos, eres un hombre de Dios. ¿Si no eliminas todo indicio vas camino a los problemas? Con toda seguridad.

Casi al principio del libro de Jeremías leemos estas palabras desesperadas que declaró el profeta al pueblo: «¿Hasta cuándo seguirás en tu impureza?» (13:27). Esa es la pregunta para ti también: ¿Hasta cuándo optarás por ser sexualmente impuro? ¿Cuánto tiempo continuarás cerrándoles las puertas a la nueva vida en ti?

Hemos visto lo que Dios espera a través de estos modelos a imitar. Hemos visto que se puede hacer. Jesús y Job eran hombres auténticos, y ellos no mezclaron normas aun cuando sus vidas estaban en peligro. ¿Eres un hombre de Dios, escuchando la Palabra y haciéndola? Si deseas cambiar las cosas, la autenticidad con Dios es un buen lugar para comenzar.

capítulo 8

¿Qué vas a ser?

La mayoría de los hombres solteros se preguntan cómo se puede esperar que vivan de acuerdo a las normas de Dios. Para algunos, perece imposible agradar a Dios en su sexualidad. Hay demasiados obstáculos, a pesar de nuestros modelos a imitar.

Sin embargo, todo lo podemos en Cristo: si tenemos fe en Él, lo podemos hacer. La primera mitad de Hebreos 11:6 dice: «En realidad, sin fe es imposible agradar a Dios». *Ah, ¡eso es demasiado! ¡Yo no tengo ninguna fe!* No estamos hablando de una fe espiritualísima y emocional donde si afirmas: «Voy a ser puro», y lo afirmas por mucho tiempo, en voz alta y desde temprano, tu actitud mental positiva te llevará a alcanzarlo. No, estamos hablando de la clase de fe que encontramos en el resto de ese versículo:

> En realidad, sin fe es imposible agradar a Dios, ya que cualquiera que se acerca a Dios tiene que creer que él existe *y que recompensa a quienes lo buscan*. (Hebreos 11:6)

Sin duda, tienes fe de que Dios en verdad existe, ¿pero crees que Dios recompensa a quienes lo buscan? Si es así, también creerás que tu relación con Dios merece el sacrificio de renunciar a tener relaciones sexuales con su novia. ¿Es tu relación con Dios tan gratificante como los senos de ella los viernes en la noche?

Puesto que muchos de nosotros vivimos para disfrutar el momento, elegimos los senos. Aun si algunos de nosotros *decimos* que creemos todo eso acerca de Dios, no *vivimos* como que lo creemos.

Es por eso que dada la opción entre alcanzar las normas de Dios y que Él nos acepte, o pasar por alto esas normas y que nos acepten nuestros amigos, siempre escogemos a estos últimos. En verdad, no tenemos la fe de que Dios existe ni creemos que Él recompensará a quienes lo buscan.

La actuación con autenticidad

La evidencia de ese punto de vista florece dondequiera que vamos. Muchos de nosotros podemos hablar de lo bien que jugamos mientras estamos sentados en la banca, pero cuando tenemos la oportunidad de jugar, mantenemos los ojos en las bellezas de las gradas y no en el lanzador con la pelota en la mano.

Admitimos que hay mucho que ver en las gradas. Aun las chicas cristianas llevan su ajuar más allá de la modestia, usando pantalones muy cortos, camisetas ajustadas y enseñando su vientre. Es probable que le eches un vistazo a algo y aun te masturbes de memoria cuando regreses a tu casa esa noche.

La sexualidad está en todas partes, incluso en el ambiente de la iglesia. Los conserjes en mi iglesia han encontrado hasta condones usados y envolturas rotas de condones en algunos salones de clase en las mañanas después de una reunión de jóvenes. ¿Puedes creer eso? Aunque parece que lo estoy inventando, no hay razón para dudar que la juventud cristiana esté tan activa sexualmente como sus compañeros que no son cristianos. Las encuestas y las investigaciones así lo demuestran.

Un miércoles por la noche en una reunión del grupo de jóvenes, varios chicos se reían histéricamente mientras esperaban que comenzara la reunión. El pastor de jóvenes se acercó al grupo.

—¿Qué sucede muchachos? —preguntó.

—Disculpe, pero vimos un gran vídeo este fin de semana en la casa de Brent —dijo uno de los estudiantes de tercer año de secundaria—. Fue una película comiquísima, ¿no fue así Brent?

—Desde luego que sí —dijo él, sosteniendo su vientre mientras se reía.

—¿Cuál era la película? —preguntó el pastor con inocencia.

—*Tu Primera Vez*.

—¿Qué es lo que era tan cómico de esa película? —preguntó el pastor—. Yo no la he visto.

Los cuatro chicos comenzaron a sonreír.

—Hay una escena donde el chico se masturba en un pastel de manzana. ¡Era comiquísimo! —dijo uno.

—¿Masturbándose en un pastel de manzana? No estoy seguro que esa clase de humor sea apropiado para cristianos —dijo el pastor de jóvenes.

Un ceño sombrío se reflejó en el rostro de Brent.

—Ah, usted es igual que nuestros padres —se burló—. ¡En qué mundo vive!

Esos adolescentes prefieren mirar a las chicas en las gradas que participar en el juego de Dios. ¿Y tú qué? ¿Eres como esos chicos cuyo vídeo favorito es *Tu Primera Vez*?

Conozca su equipo

Es probable que participes en el juego de Dios, pero cuando termina el juego, te olvidas en qué equipo estás. Un verano Jeremy fue a un viaje misionero a Costa Rica, y se conmovió de manera genuina ante la pobreza y la miseria que observó en ese país del Tercer Mundo. Excavó zanjas para construir nuevos salones de escuela durante ocho horas al día, y por la noche estaba fascinado con los tiempos de oración de los misioneros. Pensaba que era una persona cambiada.

Cuando Jeremy regresó a casa, no pasaron más de dos noches antes de que estuviera de nuevo en la misma rutina con los chicos. Viendo provocativos vídeos restringidos como *Tu Primera Vez*. Fantaseando acerca de Linsay mientras yacía despierto en la noche. Claro, había tenido una gran experiencia en Costa Rica, pero eso era allá y ahora estaba aquí.

Tres semanas más tarde, se encontraba en el asiento trasero de su coche, medio borracho, con una chica abriendo la cremallera de su pantalón. En una neblina inducida por el alcohol, no podía recordar que la presencia de Dios tocó su vida entre esa gente pobre en Costa Rica. Eso parecía mucho tiempo atrás. Tampoco Jeremy recordaba lo que había leído en su Biblia esa semana:

> Las *obras de la naturaleza pecaminosa* se conocen bien: inmoralidad sexual, impureza [...] En cambio, el *fruto del Espíritu* es amor, alegría, paz, paciencia, amabilidad, bondad, fidelidad, humildad y *dominio propio*. No hay ley que condene estas cosas. Los que son de Cristo Jesús han crucificado la naturaleza pecaminosa, con sus pasiones y deseos. Si el Espíritu nos da vida, andemos guiados por el Espíritu. (Gálatas 5:19,22-25)

Jeremy está expresando inmoralidad sexual, no dominio propio. No le interesa tener intimidad con Dios. Si lo entrevistaran en ese momento, diría cosas como estas:

- «No puedo comprometerme a mantener mis pantalones puestos. Hay demasiadas circunstancias inesperadas que me pueden hacer desear acostarme con una chica, así que no haré esa promesa».
- «Dios no pudo haber querido decir "ni siquiera se mencione"».
- «Me resulta imposible no mirar a una de mis compañeras de clase en una bikini».
- «Solo porque ella no me permita ordenar no significa que no puedo ver el menú».

Si piensas de esta manera, no vas a Dios de acuerdo a sus condiciones. Dios está añorando que seas uno con Él, a fin de poder usarte. Desea que te expreses en su reino. Desea mostrarte su poder.

Así que cuando Él define sus condiciones de la pureza sexual, no digas: «¡Dios no puede querer decir eso!», pues Él sí quiere decir eso. Cristo está esperando a ver si puedes ser confiable; capaz para usarte más para su reino. Lucas 16:11 dice: «Por eso, si ustedes no han sido honrados en el uso de las riquezas mundanas, ¿quién les confiará las verdaderas?».

Si no eres confiable en usar las pasiones carnales, ¿cómo te pueden confiar que uses cosas de mayor valor? Jesús dijo que si eras fiel en las cosas pequeñas, Él te confiaría mayores cosas. En esto, Dios no se está refiriendo principalmente a lo que Él te ha llamado a *hacer* en su reino. A Él le preocupa en especial lo que Él te ha llamado a *ser* en tu carácter.

Quizá le has pedido a Dios que te revele su voluntad para tu vida, ¿pero qué haces con esa «pequeña» parte de su voluntad que ya te ha revelado?

> La *voluntad de Dios* es que sean santificados; *que se aparten de la inmoralidad sexual*; que cada uno aprenda a controlar su propio cuerpo de una manera santa y honrosa, sin dejarse llevar por los malos deseos como hacen los paganos que no conocen a Dios; y que nadie perjudique a su hermano ni se aproveche de él en este asunto [...] Dios no nos llamó a la impureza sino a la santidad; por tanto, el que rechaza estas instrucciones no rechaza a un hombre sino a Dios, quien les da a ustedes su Espíritu Santo. (1 Tesalonicenses 4:3-8)

Dios ya entregó su vida como ejemplo para nosotros:

> Por tanto, ya que Cristo sufrió en el cuerpo, asuman también ustedes la misma actitud; porque el que ha sufrido en el cuerpo ha roto con el pecado, para vivir el resto de su vida terrenal no satisfaciendo sus pasiones humanas sino cumpliendo *la voluntad de Dios*. Pues ya basta con el tiempo que han desperdiciado haciendo lo

> que agrada a los incrédulos, entregados [...] a las pasiones. (1 Pedro 4:1-3)

Es tiempo de que alcances la voluntad de Dios para tu vida. Enfócate en las cosas «pequeñas» que te ha confiado. Él desea recompensarte cuando lo busques con todas tus fuerzas.

Burlada por sus valores

Desde luego, la autenticidad y el fervor tienen un precio. Hace unos años, a Cyndi se le conocía en toda la iglesia como una chica que vivía para Dios de una manera pura y radical, una estudiante de secundaria con altos valores. Nunca olvidaré una conversación que yo (Fred) tuve con ella.

—¿Es difícil mantener valores tan altos como tienes tú? —le pregunté.

—Ah, no me preocupa que se burlen de mí —contestó—. Se burlaron bastante de Cristo. Eso es solo una parte.

Tremendo, me dije. Nos sentamos en silencio por un rato mientras yo pensaba en lo que me había dicho. Entonces la miré y noté que su mirada estaba perdida. De pronto, se le descompuso ligeramente el rostro, y una gruesa lágrima le corrió por la mejilla.

—Deseo tanto encontrar un amigo, cualquiera, que sea como yo —susurró ella.

¿Cómo puede ser esto?, pensé. *¿Cómo podemos todos ser tan blandos con nuestros valores que esos que caminan rectos están solitarios?*

Le pregunté a su pastor de jóvenes, Larry: «¿Por qué otros jóvenes no se sienten atraídos por Cyndi? Yo lo sería.

«Ah, la respetan muchísimo», dijo Larry. «Desde luego, algunos siempre se van a burlar, pero es raro que sus compañeros elijan a cristianos radicalmente comprometidos como sus modelos a imitar. Eso representa demasiado sacrificio y demasiado riesgo de que no los acepten. Prefieren juntarse con los chicos que juegan deportes y tienen muchas novias. Usted sabe, uno que es cristiano y mundano al mismo tiempo».

Se burlan de toda persona que cree, no solo de los cristianos. ¡No le temas tanto! Eso es solo parte de la vida. Cuando yo jugaba fútbol, era radical en mi compromiso de ser el mejor mariscal de campo del estado. En el invierno anterior a mi último año de secundaria, decidí que necesitaba mejorar mi balance en el campo de juego.

Desarrollé un plan. Noté que los equipos quitanieves en la escuela amontonaban la nieve en un enorme arcén de siete metros de alto a lo largo del estacionamiento. Encima de esta montaña había una meseta como de tres metros de ancho donde sobresalían rocas y dientes de hielo y nieve. Con mis zapatos de fútbol, y el balón bajo el brazo, corría de un extremo a otro. A toda velocidad zigzagueaba entre las rocas y dientes, pretendiendo que eran jugadores del equipo contrario.

Al principio pagué un fuerte precio. Las cortadas y los golpes con el hielo eran muy dolorosos, y me golpeaba mucho. Sin embargo, a medida que pasaban las semanas, le pegaba al hielo con menos frecuencia. Mi habilidad de esquivar y cambiar de dirección se volvió más marcada y rápida con cada día que pasaba.

Mis compañeros de equipo me venían a ver a veces. Desde luego, se reían y se burlaban de mí. Sin embargo, yo tenía fe de que se recompensarían mis esfuerzos, y *fui* recompensado. El siguiente otoño, cuando era tercero y dos o cuarto y una, ¿quiénes querían que yo corriera con el balón? La respuesta: Los mismos compañeros de equipo que me veían correr en el arcén de nieve. Sabían que no caería con mucha facilidad.

Hice todo eso por el fútbol, un «dios» que existía solo en mi mente. Nuestro Dios es real, y Él en verdad recompensará a quienes lo buscan con diligencia; ¡o practican para Él! Si tomaras una decisión a favor de Dios con solo una fracción del compromiso que yo tenía en esa meseta de hielo, serías un jugador estrella en el reino de Dios.

Y recuerda algo más: Aunque la autenticidad tiene su precio, la falta de autenticidad para que nos acepten también tiene un alto precio, como lo hemos visto en las muchas historias que se han contado antes en este libro. Los efectos de tu pecado te seguirán a tu vida de adulto. Ya que los dos tienen un precio, ¿por qué no pagar el precio por algo maravilloso? ¿Por qué no pelear? Dios te *recompensará*.

Sin planes para rendirse

Nos encontramos una historia en un periódico sobre un veterano de la Segunda Guerra Mundial llamado B.J. «Bernie» Baker al que le dijeron que estaba a punto de morir de cáncer en los huesos. Dándole solo dos años de vida, él les dijo a los médicos que atacaran la enfermedad con todo lo posible. «Póngame los tratamientos», dijo. «Yo seguiré viviendo mi vida». Mientras tanto, él y su esposa tomaron el tiempo para viajar hasta Alaska en una casa rodante, una excursión de pesca a Costa Rica y varios viajes a la Florida.

Nueve años después del diagnóstico, estaba batallando con problemas respiratorios y la pérdida de fuerza, pero dijo: «Voy a continuar luchando. Es mejor que otra cosa».

Esas palabras no se dijeron con resignación. Fueron las palabras de un luchador, un verdadero hombre, un soldado que se enfrentó a bombas y disparos de ametralladora en el Pacífico Sur antes de regresar a los Estados Unidos y más tarde comenzar la Compañía Mecánica de Baker con dos llaves inglesas para tubos y una camioneta de ciento veinticinco dólares. (Se convertiría en una de las compañías más grandes de su clase en los Estados Unidos.) El cáncer le pegó fuerte, pero él no tenía planes de rendirse.

Mejor continuar luchando. ¿Cuál era la alternativa de Bernie?

Rendirse y morir.

¿Y qué de tu batalla con tus ojos y mente impuros? ¿Cuál es tu alternativa a luchar?

Encontrarte atrapado y morir espiritualmente.

Cuando hablas con hombres valientes de la generación de Bernie, veteranos de la Segunda Guerra Mundial que encarnan el título del libro de Tom Brokaw *The Greatest Generation* [La generación más grande], dicen que no se sienten como héroes. Sencillamente tenían un trabajo que hacer. Cuando las rampas de las lanchas de desembarco se abrieron, tragaron en seco y dijeron: «Es el momento». Es el momento de pelear.

¿No es el momento en tu lucha con la impureza sexual? Seguro, pelear será duro. Lo fue para nosotros. Cuando comenzamos nuestra lucha, en verdad esperábamos recibir una paliza al principio y así fue. Nuestros pecados nos habían humillado. Aun así, deseábamos la victoria sobre esos pecados y el respeto de nuestro Dios.

Tu vida está bajo una fulminante cortina de fuego de una ametralladora de sexualidad que barre el paisaje sin misericordia. Dios te ha preparado para la batalla y te ha dado las armas, conjuntamente con la promesa de que los hombres jóvenes valientes de Dios pueden detener el fuego.

Sin embargo, ahora estás en una lancha de desembarco, balanceándote y acercándote a la orilla y a un enfrentamiento. Puedes entrar al combate ahora o puedes perder el tiempo hasta que esta fulminante cortina de fuego deje tu paisaje espiritual devastado, lo cual significa que tendrás que pelear más tarde entre ruinas más profundas y condiciones más desesperantes. El enfrentamiento vendrá. No te puedes quedar para siempre en la lancha de desembarco. Más tarde o más temprano, la rampa se abrirá, y entonces será tu momento para correr con valentía a los dientes del enemigo. Dios correrá contigo, pero no correrá por ti.

Es el momento de lanzarse adelante e ir como un hombre.

Vamos a la guerra, vamos a ganar

Hace varios años aconsejé a un estudiante de segundo año de secundaria llamado Ben que me dijo que deseaba integridad sexual. Sin embargo, sus palabras eran solo palabras. «Todavía estoy comprando las revistas *Playboy*», dijo hace poco. «Creo que no las odio lo suficiente».

Asimismo, recuerdo a Ronnie, de diecisiete años de edad, que se masturbaba varias veces al día. Su pastor me dijo: «Ronnie dice que él quiere ser libre, pero que no siente ningún remordimiento para hacer algún esfuerzo de su parte. Dejará su pecado, pero solo si Dios lo hace».

Más tarde, Ronnie corrió a la oficina de su pastor aterrorizado, diciendo: «Pastor, ¡usted me tiene que ayudar! ¿Usted sabe las fantasías que tengo mientras me masturbo? Hace dos semanas, de pronto se volvieron homosexuales, ¡y no puedo hacer que se detengan!». Este era el momento en el cual Ronnie necesitaba levantarse y pelear.

Hemos conocido a quienes han fracasado en su batalla por la pureza sexual, y conocemos a algunos que han ganado. ¿Cuál es la diferencia? *Los que ganaron odiaban su impureza.* Iban a la guerra e iban a ganar o morir en el intento. Todos sus recursos estaban apuntando al enemigo.

No habrá victoria en este ámbito de tu vida hasta que optes por la hombría con todas tus fuerzas. En el campo de la pureza sexual, estás en tu propio momento de decisión.

Mírate en el espejo. ¿Eres auténtico? ¿Estás orgulloso de tus fantasías sexuales? ¿O te sientes degradado después de ver pornografía por Internet o escenas sexuales en las películas?

Desde el punto de vista sexual, quizá tengas una fiebre baja sexual. No lo vas a inutilizar, pero tampoco estás sano. Puedes funcionar más o menos normal, pero no puedes en verdad empujar duro. Básicamente, estás subsistiendo. Pero si esta fiebre no se elimina, nunca funcionarás del todo como un cristiano. Al igual que el hijo pródigo, necesitas recapacitar y tomar una decisión. He aquí algunas preguntas que te debes hacer:

- ¿Cuánto tiempo me voy a mantener sexualmente impuro?
- ¿Cuánto tiempo continuaré engañando a mis amigos en el grupo de jóvenes con mi falso cristianismo?

- ¿Cuánto tiempo impediré el crecimiento de la intimidad y la identidad con Dios, una intimidad que le prometí a Él hace años?

El punto de vista de Dios es sencillo a este respecto. Necesitas enfrentar estas preguntas y tomar una decisión. Sin embargo, estás titubeando. Sabemos que lo estás porque nosotros titubeamos por años. Estás pensando. *Un momento; no estoy listo.* O: *¡No es tan fácil!*

Cierto. Estamos de acuerdo que optar por dejar de pecar no es una decisión fácil. Una vez que estás atrapado, los obstáculos parecen ser enormes. Aun así, escucha las siguientes palabras del predicador Steve Hill, refiriéndose a su escape de la adicción a las drogas y el alcohol al igual que del pecado sexual:

> No hay ninguna tentación que no sea común al género humano. Dios te dará una salida para que puedas escapar, pero tienes que estar dispuesto a tomar esa salida de escape, mi amigo.
>
> Yo era un alcohólico empedernido. Tomaba licor, licor por sí solo, todos los días. Y era un drogadicto. Cocaína por mi nariz, en mi brazo; yo lo hice todo, amigo. Sin embargo, Dios nunca me liberó de mi deseo ni del amor a las drogas. Nunca lo hizo. Lo que sucedió es que yo *decidí* no tocar nunca más las drogas ni tomar alcohol.
>
> Aquellos de ustedes que están envueltos en la pornografía quizá le pidan a Dios que les quite sus deseos de lujuria. Tú eres un hombre con hormonas. Sientes las cosas. Las has sentido desde tu pubertad, ¡y las sentirás hasta el día que te mueras! Te atrae el sexo opuesto.
>
> No me refiero a que Dios no pueda quitarte el deseo. ¡Él puede! Es solo que nunca lo hizo en mi vida ni en la de miles de personas con las que he trabajado a través de los años. Eso incluye personas enredadas en la

> pornografía. Noventa y nueve por ciento de ellos tuvieron que *tomar una decisión.* Tuvieron que tomar una decisión de no pasar por los estantes de revistas para adultos, y tuvieron que tomar una decisión de mantenerse fieles a sus esposas y a sus familias.
>
> Estamos de acuerdo. Es el momento de tomar una decisión.

Este es tu momento

Considera el ejemplo de Eleazar, uno de los «tres valientes» de David, del cual aprendemos en este breve recuento de una dura batalla contra los filisteos:

> Los israelitas se retiraron, pero Eleazar se mantuvo firme y derrotó a tantos filisteos que, por la fatiga, la mano se le quedó pegada a la espada. Aquel día el SEÑOR les dio una gran victoria. (2 Samuel 23:9-10)

Eleazar se negó a que lo atraparan de nuevo. Todos los demás huían del enemigo, pero él se paró firme y dijo: «Ya basta de correr. Voy a pelear hasta que caiga muerto o hasta que caiga en el campo exhausto en la victoria. Este es mi momento para vivir o morir».

¿Ya has corrido lo suficiente? Al principio de los veintes, el pastor y autor Jack Hayford se sentó una vez en su coche después de hacer una transacción bancaria con una preciosa cajera del banco y se dijo: «Voy a tener que purificar mi mente y consagrarme a Dios o me voy a tener que masturbar aquí mismo». Que Jack pudiera decir esto frente a decenas de miles de hombres en una conferencia de Cumplidores de Promesas fue inspirador.

¿Y a ti qué? ¿Cuánto tiempo vas a permitir que te persigan los filisteos? ¿Te sientes motivado a pelear en vez de correr?

Motivado a ganar

Esta es una historia de alguien que se sintió muy motivado a cambiar. Varias semanas antes de su planeada boda, Barry me escuchó (a Fred) dar una conferencia sobre la pureza sexual. Mis palabras le pesaban mucho en su corazón porque se había estado masturbando viendo películas restringidas desde que era adolescente. Planeaba casarse con Heather con su secreto bien guardado, pero ahora decidió decirle la verdad. Heather recuerda su reacción a la confesión de Barry:

> Estaba asombrada y paralizada cuando hablamos en el coche esa noche. Me quedé mirando hacia adelante sin sentir nada. Después de dejarlo, lloré y lloré, rehusando hablarle por varios días. Cuando estuve de acuerdo en verlo, él me comentó que yo lucía bonita. Me sentí tan enojada y repugnada por él que le arrojé en su cara el anillo de compromiso y le dije que se retirara de mi vista. Yo me sentía enferma y sucia.

Como ves, este problema era muy emocional. Las mujeres lo toman muy personalmente cuando descubren lo que sus novios han estado haciendo en secreto.

Heather nos pidió a Brenda y a mí que nos reuniéramos con ella, lo cual hicimos. Después de mucha oración y consejería, Heather le dio a Barry un límite de una semana para cambiar su vida.

Entonces me reuní con Barry. «¿Me puede ayudar?», preguntó. «Estoy totalmente adicto a las películas sexuales. Esperaba que Heather comprendiera, pero ella estaba horrorizada y me llamó un adicto sexual. Fred, estoy desesperado. Ya se enviaron las invitaciones, pero si no puedo detener esto, ¡de alguna manera voy a tener que explicarle todo esto a mi suegra! ¡Usted me tiene que ayudar!»

¿Crees que Barry estaba animado? Sin duda que sí. Pocas veces he conocido a alguien que quería ganar una guerra con tanta rapidez. En corto tiempo, Barry derrotó su problema. Se convirtió en un hombre de integridad sexual, y hoy él y Heather tienen un matrimonio maravilloso.

Tú también puedes ganar la guerra, y comenzar a ganarla ahora, mucho antes de que te comprometas a casarte.

Todo lo que necesitas

Como base para tu victoria, Dios te ha proporcionado todo lo que necesitas para una vida de pureza. El camino de Dios es mejor que el más aventajado sistema de navegación por posicionamiento satelital.

En el Calvario, Él te compró la libertad y la autoridad para que vivas en la pureza. Esa libertad y autoridad son sus regalos para ti a través de la presencia de su Espíritu, que tomó residencia en tu interior cuando entregaste tu vida a Cristo. La libertad y la autoridad participan de tu nueva conexión interna a su naturaleza divina, que es la conexión que nos da su poder y el cumplimiento de sus promesas.

> Su divino poder, al darnos el conocimiento de aquel que nos llamó por su propia gloria y potencia, nos ha concedido todas las cosas que necesitamos para vivir como Dios manda. Así Dios nos ha entregado sus preciosas y magníficas promesas para que ustedes, luego de escapar de la corrupción que hay en el mundo debido a los malos deseos, lleguen a tener parte en la naturaleza divina. (2 Pedro 1:3-4)

Es como la situación que Josué y el pueblo de Israel enfrentaban mientras se preparaban a cruzar el río Jordán y poseer la tierra prometida. ¿Qué le dijo Dios a Josué?

> Ya te lo he ordenado: ¡Sé fuerte y valiente! ¡No tengas miedo ni te desanimes! Porque el SEÑOR tu Dios te acompañará dondequiera que vayas. (Josué 1:9)

Él les había dado a los israelitas todo lo que necesitaban. Ellos solo tenían que cruzar el río. Con respecto a la pureza sexual, Dios sabe la provisión que nos ha dado. No nos falta poder ni autoridad; lo que nos falta es urgencia. Necesitamos elegir ser fuertes y valerosos a fin de poder caminar en la pureza. En las milésimas de segundo que toma hacer una elección, el Espíritu Santo comenzará a guiarte y a caminar junto a ti durante tu batalla.

Dios está a la espera

A cada uno de nosotros lo ha manipulado nuestra cultura sexual; cada uno de nosotros ha decidido el pecado. En diferentes niveles, cada uno de nosotros se ha visto atrapado por esas elecciones, pero podemos sobrepasar esa aflicción. Sin embargo, demasiadas veces pasamos por alto nuestra propia responsabilidad en esto. Nos quejamos: «¡Por supuesto que quiero ser libre de la impureza! He ido al altar cuatrocientas treinta y tres veces por eso, ¿no es así? Tal parece que no es la voluntad de Dios liberarme».

¿No es la voluntad de Dios? Eso es una ofensa al carácter de Dios. No culpes a Dios. Su voluntad es que tengas pureza sexual, y Él ha hecho una provisión para esa pureza. Escucha estas Escrituras:

> De la misma manera, también ustedes considérense muertos al pecado, pero vivos para Dios en Cristo Jesús. Por lo tanto, no permitan ustedes que el pecado reine en su cuerpo mortal, ni obedezcan a sus malos deseos. No ofrezcan los miembros de su cuerpo al pecado como instrumentos de injusticia; al contrario, ofrézcanse más bien a Dios como quienes han vuelto de la muerte a la vida, presentando los miembros de su cuerpo como instrumentos de justicia. Así el pecado no tendrá dominio sobre ustedes, porque ya no están bajo la ley sino bajo la gracia. (Romanos 6:11-14)

> En efecto, habiendo sido liberados del pecado, ahora son ustedes esclavos de la justicia. (Romanos 6:18)

Dios está esperando por ti. No espera en el altar, sino que aguarda a que pases por allí y hablar por un rato. Está a la espera de que te levantes y tomes parte en la batalla. Por medio del Señor, tenemos poder para sobrepasar cualquier nivel de inmoralidad sexual, pero si no utilizamos ese poder, nunca nos liberaremos del hábito.

Como ves, la impureza sexual no se parece a un tumor que crece sin control dentro de ti. Lo tratamos como un tumor cuando nuestras oraciones se enfocan en liberación, mientras le rogamos a Dios que venga y lo remueva. En realidad, la impureza sexual es una serie de malas decisiones nuestras y un resultado de nuestro carácter inmaduro, y la liberación no nos va a ofrecer una madurez instantánea. Necesitamos trabajar sobre nuestro carácter.

La santidad no es algo nebuloso. Es una serie de buenas decisiones. No necesitas esperar a que se forme una nube santa a tu alrededor. Serás santo cuando decidas no pecar. Ya estás libre del *poder* de la inmoralidad sexual; lo que sucede es que todavía no estás libre del *hábito* de la inmoralidad sexual. Eso es, hasta que no optes por decir: «¡Ya basta! ¡Decido vivir en pureza!».

¿Estás preparado para la autenticidad? Excelente. Vamos adelante. Relataremos la historia de Steve en el siguiente capítulo y utilizaremos el resto del libro para ofrecer directrices a fin de vivir auténticamente como un verdadero hombre.

CUARTA PARTE

La masturbación

capítulo 9

La larga caída de Steve

Cuando yo (Steve) tenía once años de edad, era un niño bastante bueno. Había aceptado a Jesús como mi Salvador cuando tenía nueve años en una alegre marcha hasta el altar, y vivía como se supone que la mayoría de los niños cristianos deben vivir. Claro, se me olvidaba sacar la basura de vez en cuando y aún decía algunas malas palabras en ocasiones, pero eso era lo más malo que hacía. Era uno de los niños más felices de los alrededores. La vida era divertida y yo me sentía libre en Jesús.

Más o menos un año después de mi salvación, fui con mis padres a una excursión de jóvenes como a cuarenta y cinco kilómetros de Curtain, Texas, donde nos pasamos una noche patinando en un antiguo gimnasio de una escuela. Ese distrito escolar era un poco pobre, así que recaudaba algo de dinero permitiendo que otros grupos fueran, ¡y destruyeran el piso del gimnasio de esta manera! Creo que hoy en día se consideraría como una excursión muy patética, pero en un pequeño pueblo de Texas en aquel entonces, fue muy divertida.

Mezclándome con los niños mayores, hice lo mejor por mantenerme en mis patines y actuar lo más adulto posible. No hice ninguna de las dos cosas muy bien, pero al menos lo intentaba. Muy pronto, durante un momento en que estábamos «todos patinando» me encontré tambaleándome hacia delante y hacia atrás como un gusano fuera de la tierra. En el preciso momento que estaba a punto de caer, dos suaves «ángeles» llegaron a mi lado y mantuvieron mis pies sobre mis patines.

¿Gabriel y Miguel? No. Eran Nancy Hewitt y Marcia Mallard, dos de las chicas más bellas que jamás había visto en mi vida.

El primer contacto con la transigencia

Aunque eran ocho años mayores que yo, algo sucedió cuando me encontré enlazado entre los brazos de estas dos diosas del patinaje. No había sentido nada tan intenso, tan magnífico, desde que caminé al frente de la iglesia para aceptar a Cristo.

Hasta entonces, pensaba que nada podía sentirse tan bien como hacerse cristiano, pero patinar alrededor de la pista con estas chicas perfectas fue el descubrimiento de que hay algunas cosas en este mundo que pueden hacer que una persona se sienta *verdaderamente* bien. Después de esa noche, decidí que quería sentirme en verdad bien. Y esa noche decidí comenzar a buscar todas las cosas que se sentían bien. Quería experimentarlas todas, pero pensé que tendría que transigir un poquito para probarlas. Es triste, pero sentí que estaba dispuesto a alejarme de Dios si me llevaba a más de esos placeres «celestiales». Recordándolo, creo que puedo decir que volverme cristiano no produjo un carácter instantáneo en mí, y fue la ausencia de carácter lo que pavimentó el camino de la transigencia.

La transigencia es una asesina que al principio parece inofensiva. Sin embargo, cuando transiges y haces algo pequeño que sabes que no está bien, es raro que se mantenga pequeño o que termine allí. Se vuelve cada vez más fácil elegir el camino equivocado la siguiente vez.

Entonces parece que el camino equivocado lo comienza a elegir a uno.

Los alcohólicos lo explican de esta manera: Primero un hombre toma un trago, entonces el trago toma un trago, y luego el trago toma al hombre. Lo que al principio parece medicina líquida, al final envenena. Vimos el mismo proceso en el deslice de Fred por la resbalosa pendiente del sexo prematrimonial. Hizo algunas pequeñas elecciones indebidas, y antes de que se diera cuenta, ya no podía elegir nada bien.

Los rateros de tiendas comienzan accediendo al deseo la primera vez. Un pedazo de dulce de dos centavos se vuelve una barra de dulce, y más tarde o más temprano, robar dulces se convierte en un hábito, todo a razón de la primera transigencia. Hay chicos en la cárcel ahora mismo que es probable que se dijeran: «Solo esta vez». Sin embargo, una los llevó a dos, lo que los llevó a tres, y ahora son demasiadas veces para poder contarlas. Si no los atraparon al principio, continuaron robando hasta que dejaron de ser las personas para lo que se crearon. Nos referimos a una transigencia total, y la vida de transigencia nunca es la que Dios tiene en mente para nosotros.

Así era para mí cuando se trataba de hacer trampas en la escuela. Era bastante listo en el quinto grado de la escuela primaria, pero no lo suficiente para hacer lo bueno. Todo el mundo en el quinto grado debía aprenderse los cincuenta estados y capitales de los Estados Unidos antes de pasar al sexto grado. ¿Mi problema? Para cuando me acordaba estudiar, era demasiado tarde. Lo debido era estudiar lo mejor posible, aceptar la calificación que recibiera y admitir la responsabilidad por no haber comenzado a estudiar a tiempo.

No quería hacer eso. Una mala calificación me hacía sentir mal, y yo quería sentirme bien. Si hubiera aceptado la mala calificación que merecía, ahora pudiera recordar con un poco de orgullo que al menos era lo suficiente hombre para aceptar las consecuencias de dejar las cosas para más tarde. En lugar de eso, estoy escribiendo sobre ello hoy porque nunca me he olvidado de la primera vez que tomé la decisión de hacer trampa. Eso es porque había encontrado una manera de obtener una calificación perfecta sin aprender ni un solo estado ni capital. Como ves, al buscar la manera de hacerlo me hizo sentir bien, y yo quería sentirme bien.

¡Qué típico de chicos como yo! No quería tener la molestia de estudiar, pero terminé con una molestia mucho *mayor* por no estudiar. A mi indecisión la sustituyeron con culpabilidad, vergüenza, temor y un vacío inexplicable. Intercambiar el tiempo de estudio por uno de preocupación resultó ser un mal negocio.

Entonces ocurrió lo peor. No me atraparon. Nunca nadie supo nada excepto yo. Bueno, excepto Dios, desde luego, y ahora tú también lo sabes. Recordándolo, descubro que lo que en verdad necesitaba era pagar las consecuencias; en cambio, no experimenté nada más que alivio. Así que, gracias a Satanás, recibí mi recompensa por la transigencia. No obtuve una mala calificación ni una reprimenda de mi papá. No, yo me sentía como si me hubiera sacado el premio gordo en una máquina tragaperras en Las Vegas.

En esa ciudad en el desierto, algunos hombres sencillamente juegan el dinero que ahorraron para el viaje y después regresan a casa. Otros se quedan hasta que han perdido todo el dinero que llevaban, ¡incluyendo el dinero para el combustible para regresar a su casa! Si hablas con esos perdedores, a menudo encuentras una situación en común. En el transcurso de su juego, ganaron en grande y recibieron la recompensa de un premio enorme.

Desde ese momento, ya no juegan por el dinero. Lo hacen para sentir la emoción de ganar una vez más. Sin duda, ¡hay manera de capturar de nuevo ese sentido de ser invencible! Si te sientas en una reunión de Jugadores Anónimos, escucharás a hombres decir que lo peor que les sucedió fue cuando ganaron, no cuando perdieron.

A mí me sucedió lo mismo cuando hice trampas sin que me descubrieran. Cuando recibí la buena calificación que no merecía, era como si la luz roja encima de mi máquina tragaperras en Las Vegas se hubiera encendido, las campanas hubieran comenzado a sonar y las sirenas hubieran comenzado su bullicio. ¡Había ganado en grande! El sentido de poder que experimentaba por haberle ganado al sistema escolar de Brazos Valley era inmenso.

Sin embargo, no le había ganado al sistema de Dios. En el sistema de Dios, cuando haces lo debido, Él te protege de las malas consecuencias que resultan de seguir tus impulsos, tus sentimientos y tus deseos. Cristo te ama y desea protegerte a fin de guiarte a lo mejor que Él tiene que ofrecer.

Yo no pensaba de esa manera. Creía que era una excepción a la regla y que estaba exento del sistema de Dios, pero no era así. Nadie lo está. Más tarde o más temprano, pagas el precio y sufres las consecuencias de la transigencia.

Consecuencias retrasadas

Digamos que hiciste algo tonto, como poner tu mano en el fuego. Si dejas tu mano en las llamas por suficiente tiempo, sentirás enseguida las consecuencias de intenso dolor. Una acción aun más tonta, sin embargo, sería pensar que eres diferente y más fuerte que todo el mundo, y creyeras que puedes poner tu mano en el fuego y no quemarte. Como todo el mundo sabe que las consecuencias del fuego son inmediatas, pocos hombres juegan con el fuego.

A pesar de eso, el pecado tiene un horario diferente. Es probable que peques por años y nunca sufras las consecuencias, pero estas vendrán. Hubiera deseado que alguien me hubiera dicho que las consecuencias quizá no aparecerían por muchos años. Hubiera deseado que alguien me hubiera dicho que Dios quería que lo obedeciera por amor y fe, y no solo para evitar el dolor inmediato.

Como no hubo consecuencias *inmediatas* cuando hice trampa en el quinto grado, pensé que no había consecuencias en lo absoluto. Así que la próxima vez que tuve la opción, hice trampa de nuevo. Me sentía muy bien burlando la vigilancia y moviéndome adelante. Sin embargo, si observas mi vida diez años más tarde, me verás graduándome de la universidad con un título en una materia que yo no tenía la intención de utilizar. Me habría gustado graduarme con un título en música, que quizá me hubiera llevado a una carrera en ópera u obras musicales en Broadway, pero no podía aprender un idioma extranjero, lo cual era un requisito para adquirir un título en música. Después de hacer trampa todos esos años, nunca había aprendido a estudiar lo bastante bien, así que tuve que abandonar la escuela de música y buscar otra asignatura principal.

Eso no es todo. Me gradué de la universidad con el título más fácil que encontré, solo para escapar. Las consecuencias de la transigencia cayeron sobre mí con un aplastante golpe.

Necesito enfatizar esta verdad importante. Si basas tu vida en querer *sentirte* bien, en cualquier momento que algo se siente bien, pensarás que es aceptable. Cada vez que no hay consecuencias, pensarás que es aun más aceptable. ¡Es una gran tentación vivir de esa manera! El mundo siempre te está diciendo a gritos que hagas lo que quieras *cuando* tú quieras. Si te hace sentir como quieres, sigue adelante.

Así que yo nunca retrasaba mi gratificación. Mi meta suprema en la vida era sentirme bien, por lo cual hacía trampa en lugar de estudiar. Esta propensión causó que desperdiciara mi educación en vez de prepararme para una gran carrera en la música. Desperdiciando cuatro años de una educación universitaria muy cara no era nada, sin embargo, comparado a lo que me esperaba en otras partes de mi vida.

La primera decisión de hacer trampa sobre los cincuenta estados y sus capitales me llevó a un dolor mucho mayor fuera de clase que lo que jamás había experimentado en una escuela. A pesar de lo molesto que es admitirlo, mi poca disposición a retardar la gratificación incluso causó la muerte de un niño: mi hijo o hija que no había nacido. Me causa pena decir esto hoy, pero hizo falta la muerte de mi hijo para que yo aprendiera algunas duras lecciones que desesperadamente deseo que aprendas para que no cometas los mismos errores que yo cometí.

Lo que me enseñó un amigo

Como mencioné, yo era un buen niño con una fe llena de vida hasta que cumplí los once años de edad y comencé a hacer mis propias reglas. Cuando no me atraparon haciendo trampa, pensé que quizá algunas de las cosas que papá y mamá llamaban «indebidas» quizá no fueran tan malas después de todo. Alrededor del mismo tiempo en que comencé a tomar esas primeras decisiones de transigir por cualquier cosa que me hiciera sentir bien, descubrí la masturbación. Un amigo me enseñó cómo hacerlo.

Nunca antes había escuchado sobre esta práctica. Mis padres nunca hablaban sobre la sexualidad y mis dos hermanos mayores tampoco me dijeron nunca nada. Jamás había tenido un orgasmo ni tenía idea de lo que era eso, pero mi amigo parecía saberlo todo. Recuerdo muy bien la noche. Habíamos ido a la casa de al lado, que era la casa de su abuela, para comer pan casero cubierto de mantequilla y miel.

Tomamos el pan empapado en miel y subimos a una casita en un árbol en el patio. Comíamos acostados en esta oscura y pequeña casita fuera de la casa. Después de terminar, él me dijo que había aprendido a hacer algo que se sentía muy bien. Me dijo que todo lo que tenía que hacer era meter mi mano en mi pantalón y frotar mi pene para arriba y para abajo. Si seguía haciendo eso, me sentiría cada vez mejor, y luego saldría algo, y cuando eso sucediera, me sentiría *verdaderamente* bien. Sin embargo, primero tenía que hacer que mi pene estuviera duro para poder comenzar.

Pensé que todo esto parecía extraño pero, como siempre, probaría cualquier cosa con tal de sentirme bien, así que abrí mi pantalón. Tenía que poner mi pene duro, ¿no es así? Sabía muy bien cómo hacer eso. Tenía algunas fotos guardadas en mi mente que enseguida recordé y las vi como si las viera por primera vez. Eran fotos de mujeres desnudas que había visto pegadas en las paredes del taller de mi abuelo.

Desde que tenía cuatro o cinco años de edad, me encantaba entrar en ese taller lleno de tornos y prensa donde abuelo hacía herramientas para sacar tuberías rotas de pozos de petróleo. La pared de su oficina estaba adornada con fotos de mujeres desnudas, y yo miraba asombrado a esas voluptuosas mujeres desnudas. Mis favoritas eran las que usaban cascos y operaban maquinarias. También había un dibujo de la cara de una india con una imagen escondida de una mujer desnuda para los que la miraban con detenimiento. Yo lo hice y crecí encantado de ver la forma desnuda del sexo opuesto.

A mi abuelo no le preocupaba tener esas fotos a la vista de todos; al fin y al cabo, el taller era su territorio. Mientras tanto, yo pensaba mucho en esto, aunque hasta el día de hoy, no comprendo cómo mi padre permitía que yo entrara al taller de mi abuelo. Mi padre no tomaba ni fumaba y era diácono y maestro de la Escuela Dominical de una iglesia bautista. No tenía sentido que él permitiera que mis hermanos y yo viéramos fotos de mujeres desnudas, pero mi abuelo era un hombre fuerte y testarudo. Quizá mi padre se sentía muy débil para enfrentársele. ¿Quién sabe? Todo lo que sé es que esas fotos impactaron muchísimo en mi vida y afectaron la manera en que terminé viendo a las mujeres.

Solo el hecho de que un hombre pudiera poner fotos de mujeres desnudas en su pared hizo una enorme declaración sobre las mujeres. En primer lugar, como ninguna de esas mujeres era su esposa, eso significaba que las mujeres desnudas eran propiedad pública. Eran artículos… cosas… objetos para que todo el mundo las viera. En segundo lugar, esas imágenes significaban que eran objetos que los hombres podían utilizar para su placer. Esas fotos tal vez no le parecían muy significativas a mi abuelo, pero en verdad cambiaron la manera en que yo veía a las mujeres, y estoy hablando de *todas* las mujeres, no solo de las modelos de grandes senos en esas fotos. Comencé a ver a las mujeres como algo menos que humanas, como si fueran un poquito menos que los hombres.

Cuando llegó el momento de recordar esas fotos en la casita del árbol, podía hacerlo al instante. Todo lo que tenía que hacer era transportar mi mente al taller de mi abuelo, y eso era bastante fácil. Recuerdo que todo se sentía bien y, tal como mi amigo me prometió, algo sucedió que se sintió *muy* bien, y esa cosa salió. Recuerdo pensar que nunca me olvidaría de esa noche, y no se me ha olvidado. Recuerdo que quise hacerlo de nuevo y, antes que terminara la noche, lo hice, aunque tenía el presentimiento que lo que había hecho estaba mal. Sabía una cosa: no lo iba a sacar en una conversación ni hablar con alguien sobre aquello. Se mantendría un secreto entre mi amigo y yo.

Todo el mundo tiene una historia diferente sobre cómo aprendieron acerca de la masturbación, pero más importante que cómo lo aprendiste es lo que sucedió *después*. Cuando aprendiste a masturbarte, no aprendiste a cometer el pecado imperdonable. No participaste en alguna perversión ni hiciste lo que solo hacen los locos. Hiciste lo que casi todo el mundo aprende a hacer. Para unos pocos, la práctica no es de mucha consecuencia, pero para muchos, se vuelve un hábito destructivo de dependencia.

En realidad, se volvió un problema para mí. Casi todos los días regresaba a los archivos en mi mente de fotos de mujeres desnudas y veía la colección mientras me masturbaba. No pasó mucho tiempo antes de que me cansara de las mismas fotos, así que añadí algunas a mi colección. Eran muy fáciles de encontrar. Mientras más añadía, más sentía que las mujeres no eran personas reales para mí. No las veía como del todo humanas; eran solo algo que me daba placer físico. Todo lo que me interesaba eran sus propiedades físicas. Los sicólogos le llaman a esto ver a las mujeres como objetos. Cuando haces eso, te crees con derecho a tratarlas como te parezca.

Continué masturbándome casi a diario hasta que comencé a salir con chicas, que eso fue cuando obtuve mi licencia de conducir a los catorce años de edad (esta es otra razón por la que me encantaba la zona rural de Texas). Había algunas chicas que me gustaban mucho. Hubo algunas que creo que hasta amé. Las trataba con tanto respeto como podía y pasar un buen tiempo haciendo cosas divertidas. Sin embargo, había otras chicas que solo quería utilizar. Todo lo que quería hacer era tocarlas y que ellas me tocaran. Quería verlas de la misma manera que a esas fotos en la pared de mi abuelo.

Cada vez que lo hacía, coleccionaba un nuevo objeto que podía recordar cuando practicaba mi hábito diario. Todo lo que quería era sentirme bien, y había decidido desde mucho tiempo atrás que estaba dispuesto a transigir para sentirme así. Mientras que muchas de las jóvenes con las que salí en la secundaria y en la universidad eran sexualmente puras y se mantenían de ese modo mientras salíamos, siempre estaba manipulando y conspirando, yendo por lo que estaba prohibido. Quería coleccionar nuevas imágenes.

Sin embargo, llegó el momento en que yo quise más que este tipo de experiencia. Quería la cosa verdadera. Al final, probé el fruto prohibido cuando entré al período promiscuo de mi vida. Cuando tuve relaciones sexuales prematrimoniales, me dio un sentido de control y de pertenencia, como si esas mujeres fueran de mi propiedad. Eran objetos de gratificación, al igual que esas fotos en la pared del taller de mi abuelo.

El final del camino

Lo que comenzó como un descubrimiento en una casita en un árbol a los once años de edad me llevó a un estilo de vida de promiscuidad y de utilizar a las mujeres. En la universidad, todas las relaciones eran sexuales, al menos en mi mente. Así que a menudo tenía poco que ofrecerle a una chica, pero quería todo de ella. No se me ocurrió que ella era la futura esposa de alguien, o que en verdad era humana con necesidades reales que yo pudiera satisfacer. En lugar de eso, era todo acerca de mí y cómo hacerme sentir bien. Si hubiera sido devoto, podría haberse vuelto *más* a causa de su relación conmigo. Muy a menudo, ella era *menos* porque tomaba de ella solo lo que un esposo debiera tomar. Nada de eso se siente bien hoy. Es más, se siente horrible.

Era promiscuo, imprudente y buscando a cualquiera que pudiera hacerme sentir bien. Ninguna de las reglas era para mí, sobre todo con una chica en particular con la que comencé a salir. Ella no podía ser más maravillosa, excepto por un defecto:

de cierta forma se conformó con alguien como yo para salir juntos. Me escuchaba mientras que le proclamaba mi amor. En respuesta, me daba todo lo que tenía.

A decir verdad, me parecía una persona increíble, hasta que quedó embarazada. Cuando me dio la fatal noticia, al principio no podía creerlo. Era demasiado horrible. Sin embargo, no podía hacer nada para cambiar la realidad. Entonces recordé que *había* algo que podía hacer para cambiarla. Podía pagar por un aborto, el borrador más grande de los errores sexuales. Luego continuaría con mi vida y eliminaría todo el asunto. Después de muchas discusiones y algunos arreglos sencillos, pagué por su aborto y continué con mi vida. Más o menos.

La relación se rompió, como casi siempre ocurre, pero el aborto no me compró la paz. Un sencillo pensamiento me continuaba persiguiendo sin misericordia. No solo había comprado un aborto, ¡había matado a mi propio hijo! Esa llamada masa de tejido era hueso de mis huesos y carne de mi carne. Yo la había destruido.

Aunque eso no fue lo peor. No solo pagué por el aborto, sino que manipulé y presioné a mi novia para que fuera a la clínica de abortos, pues le dije con claridad que no la iba a apoyar a ella ni a su bebé, aunque ella quería que nos casáramos. Cuando destruí esa idea, ella dijo que quería mantener su embarazo y ofrecer al bebé en adopción.

A fin de detenerla, utilicé todos los argumentos posibles. Tener un hijo sin estar casado hubiera sido demasiado humillante para mí. No iba a pensar en nadie más que en mí. Todo lo que quería era dejar esta «situación» atrás.

¿Cuál fue el resultado? Nunca la pude dejar atrás. Es más, la pena y la vergüenza de haberla presionado a tener un aborto por poco me mata. Ochenta úlceras se desarrollaron en mi estómago y en mis intestinos, y yo me hubiera muerto desangrado si las cosas hubieran continuado como iban. No mucho después de eso, tuve un accidente automovilístico y dejé la universidad. Había demasiado dolor para aún pensar en estudiar.

Había matado más que a mi bebé. Había matado *mi* vida, y nada sería nunca igual de nuevo. En el futuro, cuando sostenía al bebé de alguien, era terrible. Cada llanto, cada chillido de la palabra «papá» me llenaba de pesar y de sufrimiento, y las cicatrices emocionales y espirituales están conmigo hasta este día. Desde luego, yo recibí el perdón, pero espero que estas sean cicatrices que tú nunca tengas que soportar. Si haces que la autenticidad sea tu prioridad, nunca las tendrás.

Si conectas los puntos en mi vida (las trampas, la transigencia, la masturbación, estar expuesto a la pornografía desde una temprana edad, considerar a las mujeres como un objeto y la promiscuidad), terminas con un aborto. Cada punto fue significativo, y la masturbación fue un punto grande y devastador en el camino.

Examina los puntos en tu vida. ¿Qué cuadro se dibuja de tu pasado cuando conectas esos puntos en el camino hacia tu futuro? ¿Qué clase de hombre deseas ser? ¿Te están llevando allí las cosas que estás haciendo hoy? Si tus puntos se parecen a los míos, por favor, haz algunos cambios hoy. Por tu propio bien, por Dios, desarrolla una historia muy diferente a la mía.

Rumbo a una nueva dirección

En la historia de Fred vimos cómo el hecho de moverse hacia la pureza sexual fortalece nuestra vida espiritual. En mi historia ves que lo opuesto también es cierto. No importa qué tan espiritualmente fuerte comiences, una vida de pornografía, masturbación, caricias estimulantes antes del matrimonio y relaciones sexuales te debilitarán y te alejarán de Dios.

Así que, ¿adónde vamos desde aquí? Antes de hablar sobre la dirección que vamos a tomar, te comentaré una historia acerca de Fred. Créelo o no, cuando Fred estaba en la secundaria, nunca asistió a un concierto musical de rock. Sin embargo, aprovechó el tiempo perdido en la universidad cuando tomó un empleo con Wu Wei y Asociados, una compañía de seguridad para conciertos que contrataba a jugadores de fútbol de Stanford y miembros del club de kárate de Stanford para trabajar en la seguridad de conciertos en el área de la bahía.

Fred vio miles de conciertos gratuitamente durante esos cuatro años, incluyendo muchos de los grupos más populares del momento. Aun así, el mejor concierto que jamás vio no era gratis, y la banda que vio esa noche solo tenía dos canciones de éxito, como él lo recuerda. Aunque Fred compró boletos para la Banda de Sanford Townsend, el grupo hizo algo que causó una conmoción.

Casi todos los conciertos comienzan poco a poco, con la banda tocando sus canciones menos conocidas de su último disco. El concierto entonces desarrolla un *crescendo* mientras el grupo toca sus canciones más conocidas al terminar, llevándolos a un emocionante final con peticiones adicionales del público. No fue así esa noche. La Banda de Sanford Townsend salió de entre las sombras, ¡y comenzó con su canción más popular que todo el mundo esperaba que no fuera hasta el final! El público se emocionó y la fiebre emocional no se rompió en toda la noche.

Así que vamos a tomar una sugerencia de la Banda de Sanford Townsend y vamos a irrumpir directamente en el capítulo que ha estado esperando, ese mismo, el de la masturbación.

Nos enfocaremos en las preguntas que más deseas que se respondan:

¿Es la masturbación un pecado?

Si lo es, ¿por qué no me puedo detener?

Si no lo es, ¿por qué me siento culpable?

Y la mayor pregunta de todas: Si Dios no deseaba que me masturbara, ¿por qué puso mis genitales al alcance de mis manos? (Pensándolo de nuevo, ¡mejor dejamos esa pregunta para el cielo!)

capítulo 10

Todo sobre la palabra con M

Vayamos al grano, primero con lo primero. La masturbación no se menciona en la Biblia, así que no hay ninguna Escritura directa y definitiva que diga que la práctica es correcta o incorrecta. En otras palabras, el caso de la masturbación no va a ser tan claro como, digamos, el adulterio. Sin embargo, el hecho de que el adulterio sea un pecado nos ayuda mucho a definir casi toda la masturbación *en el matrimonio* como un pecado. Jesús dijo:

> Pero yo les digo que cualquiera que mira a una mujer y la codicia ya ha cometido adulterio con ella en el corazón. (Mateo 5:28)

Si Jesús define sencillamente *ver con codicia* a una mujer como adulterio para el hombre casado, sin duda ver a una mujer con codicia *y* masturbarse es adulterio. Esto es irrefutable. Pero, ¿y qué del hombre soltero? Mientras que la Biblia no aclara respecto a la masturbación, este mismo pasaje toma una postura similar en contra de las miradas codiciosas de un hombre soltero. Si ver a una mujer con codicia es igual que irse a la cama con ella para el hombre casado, ver a una mujer con codicia es igual que irse a la cama con ella para el hombre soltero. No vemos mucha diferencia.

Tampoco la ve Ed Cole, un pastor con una tribuna de oratoria nacional:

> La pornografía no solo alienta a los que la ven a crear una imagen mental. También los tienta a fantasear

> sobre ello. Estas fantasías casi siempre implican un acto erótico que solo se puede satisfacer con otra persona o por la masturbación. Una vez que se desarrolla una imagen en la mente, esa escena crea una fortaleza en la mente y se vuelve una trampa. Algunas personas piensan que estoy pasado de moda por predicar esto, pero sin cesar encuentro hombres que han perdido todo sentido de balance a causa de la masturbación habitual. Un hombre me preguntó: «¿Cuántas veces al día consideraría como habitual?». ¡Esa es suficiente razón para enseñar sobre esto!

Algunos tratan de demostrar que los casos aislados de masturbación para eliminar la tensión sexual son buenos, si estás casado y enfocándote en tu esposa, no en alguna supermodelo, durante períodos de separación o enfermedad. Aun si eso fuera cierto, ¿dónde los deja eso a ustedes los hombres solteros? En ninguna parte. En verdad, no tienes ninguna mujer a la que puedas ver con codicia de manera legítima.

Así que, a no ser que un joven busque la manera de masturbarse sin ninguna fantasía lujuriosa, la masturbación técnicamente es un pecado. Aun así, eso trae a la mente otras preguntas. Supongamos que un hombre *puede* buscar la manera de masturbarse sin ninguna fantasía, y lo hace sencillamente para eliminar la tensión sexual. Ante todo, ¿de dónde vino esa tensión sexual? Si toda esta tensión sexual fuera natural y parte de su estructura hormonal, eso sería una cosa. No tendría mucho control directo sobre ello.

Sin embargo, ¿qué pasaría si no fuera natural? Eso sería otra cosa completamente diferente. Por ejemplo, ¿qué me dices si él se creó toda esa tensión sexual viendo pornografía por Internet en las últimas noches después del trabajo? ¿Y qué acerca de los efectos acumulativos de alquilar la película *Titanic* el viernes por la noche, ver a chicas sudorosas en pantalones cortos ajustados en una carrera el sábado en la tarde y haber frotado ligeramente sus genitales contra una chica durante un baile lento en la fiesta del sábado en la noche?

Aun si este joven se *puede* masturbar con una mente limpia, ¿no se debe su tensión sexual a su propio pecado en primer lugar? Si nos causamos tensión sexual a través del pecado, ¿no sería también pecado eliminar esa tensión sexual a través de la masturbación? Viéndolo desde otro punto de vista, ¿es la masturbación la única manera de eliminar la tensión sexual? Puede haber otras maneras más puras. Discutiremos todas estas preguntas.

Bienvenido a la zona gris

Como puedes ver, ya que Dios no se refirió a la masturbación directamente en la Escritura, las preguntas quizá parezcan interminables. Los teólogos lo van a discutir hasta que Cristo regrese, y quizá así es como debe ser cuando la Escritura guarda silencio. Aun nosotros los autores hemos encontrado difícil decidir juntos qué llamar la masturbación y dónde marcar la línea del pecado.

Yo (Fred) me siento muy tranquilo sencillamente llamando a la masturbación un «pecado» porque sus efectos son exactamente como los de cualquier otro pecado en la vida de un hombre. Si se parece a un pato, camina como un pato y suena como un pato, es muy probable que *sea* un pato:

- La masturbación habitual nos aleja con regularidad de Dios.
- Jesús dijo que codiciar a una mujer en su corazón es lo mismo que hacerlo. Como la masturbación involucra una fantasía lujuriosa o la pornografía, estamos seguros que en casi todos los casos viola la Escritura.
- La pornografía y las fantasías alrededor de la masturbación cambian la manera en que vemos a las mujeres, como viste en la historia de Steve. ¿Cómo puede ser correcto?
- La masturbación habitual es difícil de detener. Si no lo crees, espera hasta que te cases y trata de dejar de masturbarte.

- La masturbación es progresiva. Es más probable que te masturbes el día después que te masturbaste que hacerlo el día después que no lo hiciste. En otras palabras, las reacciones químicas de placer te atraen a repetir la práctica cada vez más. Esto es esclavitud, y Dios odia la esclavitud es sus hijos.

Otro punto es que al menos noventa y ocho por ciento de toda la masturbación involucra fantasías mentales lujuriosas o pornografía. Entonces, la mayoría de la masturbación es pecado. Yo digo: «¿Por qué entrar en discusiones de *si* debemos llamar a la masturbación un "pecado" cuando la mayoría de las veces *es* sin duda un pecado?».

Steve está de acuerdo con esto en principio. ¿Cómo no lo iba a estar? ¡Mira lo que transigir con la pornografía y la fantasía le hizo a su vida! Trató a las mujeres de una manera degradante. Estaba espiritualmente debilitado. Causó un aborto. Todavía, Steve dice: «Como cualquier cosa, lo que está en el corazón es lo que puede producir el pecado. Aun la relación sexual por consentimiento entre dos personas casadas puede involucrar pecado dependiendo de lo que esté pensando una de esas personas en ese momento. Debido a la vergüenza injustificada y aplastante que se encuentra alrededor de la masturbación, necesitamos tener cuidado de cómo nos comunicamos al respecto. Cuando te masturbas por primera vez, no cometes el pecado imperdonable ni te enredas en algo que hace crecer cabello en las palmas de tus manos ni te causa ceguera».

Mantén alejada la vergüenza

Mientras que Steve cree que la masturbación casi siempre involucra un pecado, debido a los profundos niveles de vergüenza comúnmente asociados con ello, prefiere no enfocarse en la palabra *pecado*, sino en el corazón. Ha visto a hombres jóvenes reaccionar de manera negativa a la predicación fuerte sobre el pecado sexual, mientras que escuchar un mensaje de esperanza acerca del cambio y la libertad, y honrar a Dios y a las mujeres, puede resultar en un cambio positivo. El enfoque de avergonzar a la persona a menudo hace que empeore el problema.

En un reciente mensaje radial, Steve dijo:

> Cuando la masturbación *es* un pecado, no es un tipo de pecado que es el fin del mundo que deba empujar al chico a que se aísle más. Sé de hombres y mujeres jóvenes que no participan en una iglesia porque están involucrados en la masturbación. Les dijeron que esa era la cosa peor y más horrible que podían hacer, así que cuando ocurre, se sienten como si Dios los marginara por completo. Nunca es bueno rechazar a los jóvenes de la iglesia. Si la masturbación *es* hecha de una manera pecaminosa, no es algo que deba motivar a una vergüenza profunda. La masturbación no es rara, y la mayoría la ha probado en algún momento. Ellos sencillamente no lo admiten ni hablan al respecto.

En la misma conversación, Steve dijo:

> Lo que es tan tremendo en los hombres con los que he trabajado, y que se han estado masturbando con pornografía desde que eran adolescentes, es que cuando se detuvieron, encontraron que hay un mundo diferente allá afuera. Descubren que pueden manejar las presiones de manera diferente. Cuando continúan sin masturbarse por un mes, se sienten muy limpios y muy bien con ellos mismos.

Ambos deseamos eliminar la vergüenza de la ecuación. Hemos visto que hombres jóvenes han usado la masturbación para sosegar una profunda inseguridad o un dolor sicológico. Derrick dijo: «Yo he sido cristiano toda mi vida, y no tuve problema con el pecado sexual hasta que mis padres se divorciaron hace dos años cuando tenía diecisiete años de edad. Me sentía muy molesto. Por alguna razón, comencé con leve pornografía y con masturbación. Se sentía bien, pero ahora se ha vuelto progresivamente peor. No sé qué hacer». Martilla sobre el aspecto del pecado y de la vergüenza demasiado fuerte, y tus problemas de inseguridad se empeorarán.

Muchos otros «asuntos» además de problemas familiares pueden empujar a un joven varón a buscar placer para cubrir el dolor que sienten en otras partes de su vida. Quizá un joven tiene acné u orejas grandes o un ceceo. Lo que sea. La realidad es que no ayuda agregarle una carga de: «Tú no sirves para nada», encima de él. La condenación propia solo hace que el ciclo de masturbación se vuelva una espiral descendente, causando más vergüenza y humillación.

Mientras que yo (Fred) todavía llamo a la masturbación un «pecado» debido a la lujuria y a las fantasías que involucra, estoy de acuerdo que no hay lugar en la ecuación para una profunda y falsa vergüenza. Dios no es un Padre que avergüenza a sus hijos. Llegaremos a eso en un momento.

A muchos líderes les preocupa este asunto de la vergüenza y cómo le echa leña al fuego. Respecto a la masturbación, a ti quizá te enseñaron a «mantenerla al mínimo». La motivación es buena. Muchos hombres jóvenes se sienten impotentes para detenerse y se sienten degradados cuando ocurre, y nadie desea añadirles más vergüenza encima. Tal vez Patrick Middleton, un amigo y un brillante consejero cristiano, lo resumió muy bien cuando dijo: «Estoy muy en contra de la masturbación y la veo como una violación al diseño de Dios para la intimidad sexual. Sin embargo, también estoy muy en contra de avergonzar a esas personas y veo cómo este problema en verdad avergüenza de manera dañina a los hombres jóvenes».

Llámalo como quieras...

Steve y yo estamos del todo de acuerdo con Patrick en esa postura. Debemos reducir el nivel de *falsa* vergüenza en esta discusión, mientras que al mismo tiempo nos aseguramos de que el péndulo no se mueva demasiado en la dirección opuesta. Nunca, nunca debemos ver la masturbación sencillamente como «chicos siendo chicos».

Observe lo que la masturbación causó en mi vida. Experimenté una profunda separación y me distancié de Dios y, al final, descubrí que no podía tener una compenetración completa con mi esposa. Llama a la masturbación como quieras, pero era indebida. No me podía liberar y sentía mucha culpa de mi engaño.

Los resultados en la vida de Steve no fueron mejores. ¿Y qué si la enseñanza del mensaje de que los «chicos serán chicos» causa que los hombres jóvenes sientan tanto alivio que se enfrasquen libremente en la masturbación sin ninguna preocupación, solo para terminar atrapados por completo en ciclos pecaminosos de pornografía y fantasía de los cuales no logren escapar? ¿Y qué si destruyen su relación con Dios porque las banderas de precaución cuelgan fláccidamente? Si es así, necesitamos levantar esas banderas de nuevo.

Si existe una manera «con una conciencia tranquila» y «limpia» de masturbación (hablaremos de esto más tarde), el consejo de mantenerla al mínimo sería una buena consejería. Aunque está claro que «déjala a un lado» es el único consejo para casi todos los hombres a causa de la pornografía y el pecado lujurioso que involucra. El pecado ata, y esa esclavitud es devastadora. Son como las decisiones por la cocaína y las metanfetaminas. Podemos cambiar nuestro punto de vista y legalizarlas, y de esa forma eliminar la vergüenza. Aun así, nos atraparán en ciclos adictivos esclavizantes que nos apartan en la desesperación.

Por lo tanto, en el último análisis, titubear sobre qué llamar a la masturbación es una tontería. Solo hay dos preguntas importantes. Si estás esclavizado por la masturbación, ¿deberías tratar de liberarte? La respuesta es sí. ¿Es posible liberarse? Creemos que sí.

Si estás viviendo con un profundo sentido de vergüenza a causa de la masturbación, necesitas dejar de masturbarte, pero también necesitas detener la vergüenza. Un buen primer paso es cambiar tu rigurosa visión acerca de Dios; o más precisamente, la visión de Dios acerca de *ti*. Solo entonces puedes lidiar con la masturbación como el problema esclavizante y agobiante que es, sin preocuparte sobre una tonta falsa vergüenza que no necesitamos cargar como amados hijos de Dios. Deseamos que los hombres jóvenes se enfoquen en los pasos que pueden tomar a fin de vencer este hábito. Donde hay esperanza, hay un futuro.

capítulo 11

La vista desde arriba

Siempre me ha encantado la historia del hijo pródigo. Lo que más me intriga es cómo el padre ve al hijo, pues es una reflexión de cómo Dios nos ve a nosotros. Los ojos de Dios siempre están mirando con fijeza hacia la cima de la colina, deseando vernos venir sobre el horizonte y acercándonos más a Él.

> Por fin recapacitó [el hijo] y se dijo: «¡Cuántos jornaleros de mi padre tienen comida de sobra, y yo aquí me muero de hambre! Tengo que volver a mi padre y decirle: Papá, he pecado contra el cielo y contra ti. Ya no merezco que se me llame tu hijo; trátame como si fuera uno de tus jornaleros.» Así que emprendió el viaje y se fue a su padre.
>
> Todavía estaba lejos cuando su padre lo vio y se compadeció de él; salió corriendo a su encuentro, lo abrazó y lo besó. El joven le dijo: «Papá, he pecado contra el cielo y contra ti. Ya no merezco que se me llame tu hijo.» Pero el padre ordenó a sus siervos: «¡Pronto! Traigan la mejor ropa para vestirlo. Pónganle también un anillo en el dedo y sandalias en los pies. Traigan el ternero más gordo y mátenlo para celebrar un banquete». (Lucas 15: 17-23)

A Dios no le preocupa en lo más mínimo si mereces regresar a Él, aunque es natural para nosotros pensar así. El hijo pródigo también se preocupaba por esto. Estaba seguro que su forma de vivir pecaminosa no lo hacía merecedor de ser llamado el hijo de su padre.

Sin embargo, el padre en la historia enseguida pone eso a un lado. «¿Qué es todo este hablar de merecerlo? ¡Estás de regreso! ¡Eso es todo lo que importa!» Le puso un anillo en la mano a su hijo y le presentó una túnica limpia y zapatos nuevos. Su relación se restauró al instante.

Sin compensación. Sin vergüenza. Sin mirar atrás.

¿Todavía te sientes indigno?

Cuando nos masturbamos, algunos de nosotros vamos a nuestro Padre y decimos: «Me he masturbado de nuevo y no merezco que se me llame tu hijo». Él pone eso a un lado, diciendo: «Nadie sino Jesús *merece* ser llamado mi Hijo, pero yo te amo y te perdono». Dios demuestra ese amor presentándonos un anillo, una túnica y unos zapatos. Entonces dice: «En caso de que te hayas olvidado, Jesús recogió estos para ti en el Calvario. Eso te hace lo suficientemente merecedor para mí. ¡Ahora vamos a celebrar y disfrutar nuestra compañía!».

Cuando pecamos, Dios no grita: «¡El infierno y la condenación para ti!». Como somos salvos, sabe muy bien que ya no hay más condenación para nosotros a causa de Cristo. Recuerda: ¡Él personalmente hizo que los apóstoles escribieran eso en la Biblia! Jesús pagó por todo. A nuestro Padre no le interesa hacernos pagar más añadiendo vergüenza después de otro fracaso de un orgasmo en Internet.

Dios, nuestro Padre, está *a favor* de ti. Tiene planes para prosperarte, y planea darte una esperanza y un futuro, como lo promete en Jeremías 29. Desde luego, Dios no está de acuerdo incondicionalmente con tu *comportamiento*, pero *sí* te ama de manera incondicional. Cuando te masturbas, Él quiere que sepas que no alcanzaste la meta de su llamamiento celestial. Quiere que sepas que este comportamiento te separa de Él, y es por eso que se te hace difícil acercarte a Dios.

Observa con cuidado y detenimiento cómo la masturbación afectá tu relación con Dios. Esto es lo que más le preocupa a Dios. Tú ya eres su hijo. Lo que Él desea ahora es que te acerques de nuevo a Él. Y ya que nos estamos enfocando en esta sección en cómo podemos amar por completo y con autenticidad a Dios con todas nuestras fuerzas (nuestro cuerpo), este también es nuestro interés principal.

Si alguna vez te has masturbado, sabes que después tu corazón a menudo se siente lleno de una gran pena y arrepentimiento. En ese momento, es muy claro que no mereces toda la gracia que Cristo te ha dado, y casi no puedes levantar la cabeza para ver a tu Padre a los ojos. La distancia es muy real.

Sin embargo, nuestros errores y esta distancia nunca son el objetivo del enfoque de Dios sobre nosotros. Si pudieras mirarlo de nuevo a los ojos y correr al pie de la cruz, encontrarías que los brazos abiertos de Jesús y su deseo de perdonar son siempre el foco central de la historia de todo cristiano. Cada uno de nosotros puede contar su propia historia de la asombrosa gracia de Dios, historias de las cuales Él mismo fue el autor y que perfeccionará y completará, sin tener en cuenta nuestro pecado. Este es el enfoque de Dios. También tiene que ser el nuestro.

¿Significa eso que no debo temer a Dios? ¿Significa eso que debemos descuidarnos con el pecado? ¡Cielos, no! Analiza las historias destructivas que hemos comentado. El hijo pródigo terminó en una pocilga, comiendo comida de cerdos, y estaba horrorizado con la destrucción de su propia vida.

Dios nos ve de otra manera

Jesús conoce muy bien la lucha en que estás tú. Él mismo vivió aquí como un hombre soltero, ¿recuerdas? La Biblia dice que a Él lo tentaron en todo al igual que nosotros. El Espíritu Santo te conoce de principio a fin. Vive en ti, y a Él lo enviaron para que te guiara y consolara.

Dios está contigo y sabe que la lucha es grande. Pelea junto a ti, a tu lado. Esta visión de Dios mantiene alejada la vergüenza, pero nos permite mantener una prudencia apropiada acerca de la masturbación.

Piensa en serio sobre esto. Es obvio que hace falta la base de rechazar la pornografía y las fantasías. Debe hacerse, pues esto es pecado. Cualquier forma pecaminosa de masturbación también debe detenerse. Si hubiera alguna forma de masturbación que no fuera pecado, mantenerla al mínimo es mejor que llevarla al máximo. ¿Quién puede discutir eso?

Aun así, deseamos más para ti y, en definitiva, Dios desea más para ti. Creemos que a medida que continúes leyendo, comprenderás la profundidad del problema y decidirás que no te vas a masturbar nunca. Hay quienes dicen que no es posible debido a los obstáculos, pero sentimos que es muy posible. Esperamos que miles de lectores de este libro decidan dejar de echar gasolina sobre un fuego ardiente de pasión, deseo y lujuria. Te enseñaremos cómo y creemos que los que tomen este camino nunca jamás se arrepentirán. No esperamos que nadie, después de haber aplicado el consejo que se va a dar, diga más tarde: «Ah, me hubiera gustado masturbarme más».

Mientras que quizá haya algunos casos en que la masturbación no es pecado, la mayoría de lo que está alrededor de la masturbación *es* pecado y nos ata de tal manera que nos estrangula el espíritu y las emociones. Debemos enfrentar la verdad como hombres, rechazando la vergüenza y optando por la hombría.

Ahora es un buen momento para discutirlo lo mejor posible. ¿Hay alguna forma de masturbación que no es pecado? ¿Puede un hombre masturbarse con una mente del todo limpia? David, de diecisiete años de edad, dice:

> Les diré esto: es posible masturbarse con una mente limpia y ojos limpios porque yo lo he hecho. Sin embargo, quiero decirle que en verdad toma mucho tiempo sin la estimulación visual o las fantasías, aun si estoy

tratando de hacerlo con rapidez. Algunas veces es tan desmoralizante que yo sencillamente me detengo. Esto no es bueno porque mi motor corre a toda velocidad, y entonces mi mente es difícil de controlar, y caigo de nuevo en el pecado.

Aun cuando lo puedo hacer con una mente limpia, hay algo más que me hace dudar de esa práctica. Por los últimos meses he estado haciendo lo que llamo «practicando la presencia de Dios», viviendo en oración continua y tratando de ir a través del día hablando con Dios y alabándole. Cuando me masturbo, aun con una mente limpia, la conexión con Dios claramente se afecta. Todavía está ahí, y todavía puedo hablar con Dios, pero tengo este raro sentido de que aunque no es pecado, tampoco es en verdad puro.

La intimidad con Dios es nuestra razón total para pelear la batalla, ¿no es así? Si destruye la intimidad, ¿por qué hacerlo? Además, aun si la masturbación con una «mente limpia» técnicamente no es pecado, todavía vamos a sentir una esclavitud en esa situación, y Dios odia la esclavitud en su pueblo. Pablo dijo en 1 Corintios 6:12 que «no dejaré que nada me domine». Basándonos en esto, todas las formas de masturbación son sospechosas.

Líbrate de las fiebres sexuales

Yo (Steve) una vez escuché estas preguntas hechas en mi programa de radio *New Life* [Nueva Vida]: «¿Está la masturbación acercándome a donde quiero ir en mi vida? ¿En mi vida con otros? ¿En mi vida con Dios?».

Podemos contestar que casi nunca es así.

Hoy en día los hombres jóvenes están agotando mucha de su energía espiritual rechazando fiebres sexuales. ¿Qué sucedería si te mantuvieras libre de esta fiebre agobiante antes que todo, lo cual te daría la libertad para gastar tu energía espiritual en el reino de Dios?

Se puede hacer. El mundo no ha visto todavía lo que Dios puede hacer con un ejército de hombres jóvenes libres de fiebres sexuales. Tú puedes permanecer puro a fin de tener el derecho a participar en ese ejército. Los cuatro requisitos necesarios para dejar de masturbarse son los siguientes:

1. Tomar una firme determinación de no «llegar» de nuevo a las normas de Dios.
2. Formar parte de un grupo de rendición de cuentas que permita la expresión sincera de los sentimientos.
3. Mantener una relación activa y continua con Dios que involucre adoración y oración.
4. Estar al tanto de cómo varios medios, como las revistas, la televisión por cable, los vídeos, la Internet y los catálogos, afectan tu apetito sexual.

El cumplimiento de estos cuatro requisitos te permitirá amar a tu Dios con toda tu fuerza y tu sexualidad. El primer punto lo discutimos antes, así que ahora hablaremos de los otros tres con más detalles.

capítulo 12

¿Qué reemplazas con la masturbación?

Dijimos que el primer paso para liberarse de la impureza sexual es tomar una firme decisión. Después, necesitas mantenerte cerca de Dios y desarrollar relaciones con amigos que piensen de la misma manera, los cuales te puedan apoyar en tu batalla. ¿A qué se debe esto?

Mencionamos antes que la soledad, la inseguridad y las relaciones familiares rotas a menudo son los escalones hacia la masturbación. Reemplazamos esa intimidad perdida con la falsa intimidad de la masturbación. Una relación cercana con Dios y con nuestros amigos hará innecesaria la falsa intimidad de la masturbación. Así que la primera pregunta con la que debemos tratar es esta: *¿Cuál intimidad en tus relaciones sustituyes con la masturbación?*

Dennis nos dijo que él creció en la iglesia, pero cuando sus padres se divorciaron mientras él estaba en la escuela secundaria, se enredó en la pornografía, algo que todavía lo persigue. Escuchamos muchas historias como la de Dennis y creemos que sabemos el porqué: Treinta por ciento de los padres que se divorcian nunca ven a sus hijos de nuevo. Estas relaciones rotas causan una gran angustia interna e inseguridad en los hijos, haciéndolos que busquen la intimidad dondequiera que la puedan encontrar.

El pecado sexual florece a causa de relaciones familiares malas o rotas. Los efectos fragmentarios del divorcio o de la muerte de uno de los padres destruyen nuestro mundo. Los adolescentes, en lugar de sentir que sus padres lo aceptan y aprecian, creen que los han echado a un lado. Se pasan la vida buscando amor y significado, cuando una madre y un padre se los debieron proporcionar en el hogar.

Me sucedió a mí

Nunca olvidaré el día en que yo (Fred) llegué a mi casa de la escuela primaria, dando tropezones mientras bajaba con rapidez los escalones del autobús con mis hermanas y corriendo hacia la casa para comer galletas dulces, y después salir a jugar al ejército y flotar botes en el arrollo. Sin embargo, cuando entramos en la casa mi madre nos llamó a los tres a la sala para hablar. Ella *nunca* había hecho eso, así que presentí que algo serio había ocurrido, sobre todo cuando noté a papá sentado en el borde del sofá.

«Tengo algo que decirles», dijo mamá. Se apoyó en la mesa del comedor, con sus brazos cruzados, sus ojos enrojecidos y su cara hinchada y húmeda. Me volteé enseguida hacia papá, que estaba sentado ansiosamente con una sonrisa confusa en su cara. (Años más tarde me enteré que un momento antes de que llegáramos, él le había declarado a mamá que cuando los hijos supieran que ella estaba solicitando el divorcio, nosotros tres nos pondríamos en su contra y correríamos al lado de él. Papá no podía esperar para ser vindicado.) Mientras observaba la situación, el terror se apoderó de mí profundamente. Algo andaba muy mal.

«Su padre y yo nos vamos a divorciar», dijo ella.

No recuerdo el resto de las palabras. No importaban. Mi mundo se desmoronó y se hizo polvo, evaporándose al instante. Corrimos hacia mamá, llorando y abrazando sus piernas. Mi padre, decepcionado de que sus hijos fueran primero hacia su esposa, se echó a llorar y salió corriendo de la casa; la primera vez que lo había visto llorar. Corrí a la ventana y lo vi entrar a su coche y marcharse. Mi alma se llenó de angustia al ver llorar a mi héroe. Este no era como cualquier otro día, ni ningún otro día sería igual. El sol se opacó sobre mi vida y nunca brilló con tanto resplandor como antes.

A su favor, papá permaneció en el área para ayudar a criarnos, pero era un adúltero y muy duro conmigo. Además, la vida se volvió un horror emocional y económico para mi madre, mis dos hermanas y para mí. Las presiones de criarnos ella sola casi destruyen a mamá, pero ella continuó luchando con tenacidad. Llegaba a la casa después de su día de trabajo como recepcionista, comía algo y entonces salía a vender parcelas de cementerio en la noche. Mamá era sencillamente la persona más valerosa que jamás he conocido. Mi joven corazón sufría por mamá mientras ella luchaba. Para aliviar su dolor, juré que nunca haría nada que la hiciera llorar. Como el único varón en la familia, me puse el manto de la hombría lo mejor que pude, mientras que por dentro estaba furioso con mi padre por habernos hecho eso.

Sin embargo, las emociones mixtas solo servían para confundirme más. Por una parte, amaba a papá, incluso lo idolatraba. Era un superhéroe carismático, más grande que la vida, y yo deseaba agradarle en todo lo que hacía. Apuesto y fuerte, papá había sido campeón nacional de lucha libre en la universidad y muy listo en los negocios.

Y, sin embargo, en otro nivel, no me importaba para nada. Aunque amaba a mi padre, en lo más hondo de mí sabía que había cambiado su vida conmigo por vivir con una amante. Eso me sonaba a traición. Hasta el día en que murió, nunca me aceptó como un hombre ni como un amigo. Incluso me eliminó de su testamento en su lecho de muerte, como si fuera para expresar una vez más lo indigno que era de llevar su nombre.

Todo lo que pude hacer fue encogerme de hombros, pues en verdad nunca supo quién era este hijo suyo mientras estuvo vivo. Recuerdo el momento en la secundaria cuando comencé a entrenarme con un buen amigo. Lo estábamos tomando en serio; fue por eso que ninguno de los dos salíamos mucho con chicas. Una noche papá le echó una bronca a mamá por permitirme pasar tanto tiempo con este amigo, acusándola de volverme «un homosexual». Él ni siquiera sabía que era mi pasión por el fútbol y no la homosexualidad lo que me hacía no salir con chicas.

Otro episodio ocurrió cuando yo tenía catorce años de edad. Papá llamó a mamá temprano una semana y le dio la siguiente orden: «Ten a Freddie listo para recogerlo el viernes por la noche a las siete en punto. Tengo una prostituta limpia contratada para esa noche. Es hora que aprenda acerca del amor». No entendía por qué a mi madre y a mí nos repugnaba esa extraña idea. No puedo describir la furia que me inundó cuando escuché esa sugerencia loca.

Quizá tú has sentido esa misma clase de ira y dolor en las relaciones con tu familia. Esa ira a menudo abre la puerta a la pornografía y a la masturbación. El deseo de estar cerca de *alguien* también te puede empujar con rapidez a los brazos de una mujer o a las relaciones unilaterales. En vez de voltearse hacia Dios, quizá comiences a buscar el amor en todos los lugares equivocados, esperando algo, cualquier cosa, que ocupe el lugar de esa pérdida.

Es aquí donde nuestra masculinidad obra en contra de nosotros. Recuerda, los hombres casi siempre dan y reciben intimidad antes de las relaciones sexuales y durante ellas. Cuando obtienes un orgasmo mientras fantaseas o ves fotos de mujeres en las páginas de una revista, tienes un sentimiento de intimidad.

La escuela aumenta el problema de la casa. El lugar más cruel del mundo es una escuela secundaria. Si no eres parte del «grupito» adecuado: los atletas, las animadoras, etc., te humillan y tus compañeros se ríen de ti sin misericordia. Yo les he dicho a mis hijos que perseveren a través de los años de secundaria. «Además, jamás verán de nuevo al noventa y nueve por ciento de esos chicos», les digo. «¿Por qué permitir que lo que ellos digan les moleste?» Les recuerdo que en la universidad las personas maduran y las cosas vuelven a regresar a la normalidad.

El problema es que, durante esos años difíciles de acné y los estudios, muchos hombres jóvenes se vuelven terriblemente solitarios y apaleados. Para esos chicos, la masturbación los hace sentirse bien y elimina la soledad, por un momento.

Un enfoque interior... y más soledad

El problema con este cambio de rumbo es que la masturbación es una implosión de placer sexual que hace que un chico se enfoque cada vez más en sí mismo. Sin embargo, esa necesidad genuina de intimidad interpersonal no se satisface buscando la actividad sexual en uno mismo. Es como aplacar tu sed abrasadora con agua salada. Un sorbito quizá te satisfaga por un momento, pero los resultados finales son desastrosos. Si te masturbas para «reparar» tus sentimientos de inseguridad y soledad, la masturbación solo aumenta tu soledad porque no recibes verdadera intimidad cuando lo haces.

Es como ver televisión cuando estás solo. ¿Has notado que te sientes aun más solitario y aislado después de una noche viendo solo la televisión porque no hay ningún contacto humano verdadero? La masturbación es similar. No es un encuentro sexual verdadero. Seguro, se siente sexual, pero deja a un hombre sintiéndose realmente más solitario y más avergonzado que cuando se levantó esa mañana. Esto es lo opuesto a lo que debe hacer un verdadero encuentro sexual.

Si esperas dejar de masturbarte, en casi todos los casos tienes que tomar antes una firme decisión de detenerte. Aun así, el poder de las relaciones interpersonales también es tan importante en este proceso que algunas veces es capaz de romper el poder del ciclo de masturbación por sí solo. Will, un amigo mío que es director de un centro de rehabilitación de drogas en el oeste de Iowa, me dijo que con la simple decisión de salir con otras personas rompió el ciclo de la masturbación cuando era soltero.

> Siempre fui un poco solitario y muy a menudo no tenía a nadie a mi alrededor. Todas las noches después del trabajo me iba a mi apartamento solo, y terminaba inmerso en la pornografía y en la masturbación. ¡La experiencia me dejaba con más soledad y aislamiento! Cuando mis amigos en la oficina me invitaban a algún lugar después del trabajo, o mi familia me llamaba para hacer algo los fines de semana, por lo general les decía que no a todos.
>
> Un día, ya no podía más. Tomando una firme decisión, me comprometí a decir que sí a todas las invitaciones por las siguientes cuatro semanas, solo para ver qué sucedía. Al principio eso era bastante difícil porque me sentía fuera de lugar, como una tercera rueda. Era como si se me hubiera olvidado de cómo estar con otras personas en un ambiente casual. Sin embargo, después de algunas experiencias, comencé a sentirme a gusto e incluso relajado alrededor de mis amigos y de mi familia. Créelo o no, a mediados de la cuarta semana, me di cuenta que no me había masturbado en más de diez días. Un hábito que había tenido por años comenzó a disiparse de forma natural mientras que me acercaba a otras personas.

Los grupos de rendición de cuentas ayudan

Es por eso que los hombres jóvenes que luchan por alcanzar la pureza sexual buscan apoyo en un grupo de estudio bíblico para hombres o en un grupo más pequeño de rendición de cuentas con uno o dos hombres más. Teniendo un lugar seguro para discutir este problema difícil a menudo resulta en un sincero intercambio de ideas, aunque llegar a ello quizá resulte molesto.

(Otra desventaja de ser varón es que nosotros no expresamos muy bien nuestros sentimientos.)

Debe ocurrir un sincero intercambio de ideas en estas relaciones. Se deben hacer preguntas difíciles, y se deben dar respuestas verdaderas. Después de las primeras tres o cuatro semanas de comenzar a conocerse unos a otros, las preguntas inocuas como «¿Qué te pareció la iglesia la semana pasada?», deben dar lugar a preguntas introspectivas como «¿En qué se diferenciaron las cosas esta semana en comparación con la semana pasada?», y «¿Qué está cambiando?».

De otra manera, no tienes un grupo de rendición de cuentas en lo absoluto, sino sencillamente una reunión de compasión donde cada persona admite sus fracasos una y otra vez, semana tras semana. Los heridos se apoyan uno con el otro, a la espera de que les digan: «Está bien».

Para contrarrestar eso, es probable que prefieras hacerlo uno a uno con un compañero de rendición de cuentas. Este debe ser un amigo, quizá un hombre mayor y bien respetado en la iglesia, una persona capaz de animarte en lo más fuerte de la batalla y que te haga preguntas penetrantes como: «¿Qué sientes cuando estás más tentado a masturbarte?». Esa clase de pregunta trae una nueva percepción. El ministerio de hombres en nuestra iglesia puede auxiliarte a encontrar a alguien que te haga las preguntas difíciles y te sugiera maneras de ayudarte.

¿Te estás preguntando cómo funciona esto? Nathan le pidió a su pastor de jóvenes que le consiguiera un compañero para rendirle cuentas. Le pidieron a Ron, un cristiano de muchos años y con experiencia en este campo, que ayudara a Nathan. Ron llamó a Nathan por teléfono para conversar.

—¿Cómo van las cosas en tu casa, Nathan? —preguntó Ron. Previamente habían establecido que esta pregunta se refería a la masturbación.

—Mejor no contesto —dijo Nathan.

—Ah. Habla conmigo.

—Ha estado ocurriendo cada dos días por las últimas dos semanas.

—¿Estás leyendo la Biblia? —preguntó Ron

—Sí.

—¿Estás orando?

—Sí.

—¿Estás muy enojado con alguien?

—En realidad no.

—Entonces, ¿cuál es el problema?

—Demasiada televisión —contestó Nathan—. Programas en HBO y reestrenos de *Guardianes de la Bahía*.

Después de esta conversación, Ron comenzó a llamar a Nathan todos los días. Algunas veces Nathan necesitaba que lo animaran. Otras veces necesitaba que lo retaran a hacer lo correcto. Sin embargo, al final se redujo a si Nathan había tomado una decisión de ganar, una decisión a ser puro. La rendición de cuentas solo resulta si la acompaña un compromiso firme de ganar.

¿Quién más puede ser un compañero de rendición de cuentas? Ted utiliza a su padre. «Dios me está llevando a través de la peor batalla de mi vida», dice Ted. «He luchado con lo que voy a ver en televisión por cinco años, pero entonces el año pasado me volví adicto a la pornografía por Internet. Dios me ha dado un maravilloso compañero de rendición de cuentas en mi propio padre. ¿Puede creerlo? Hablamos con regularidad y él ha sido en verdad comprensivo».

Casi cualquier hombre comprometido puede ser tu compañero para rendirle cuentas. Quiero advertirte algo, sin embargo, no utilices a tu novia con este fin. Esa es una receta para meterse en más problemas.

Para la intimidad: ¡La adoración!

A medida que desarrollas una verdadera intimidad interpersonal en tu vida uniéndote a un grupo de hombres, hablando con tu pastor de jóvenes o consiguiendo un compañero para rendirle cuentas, no te olvides poner a Dios en el centro de la ecuación. Buscándolo a Él y pidiéndole su ayuda sobrenatural en esta batalla, lograrás vencer las cosas que nunca pensaste que sería posible vencer. Sentirás más hambre de conocerlo y experimentarás un mayor deseo de comunicarte con Él. A medida que tu intimidad con Dios crece, necesitarás menos de esa falsa intimidad. Descubrirás que Él es tu mejor compañero para rendirle cuentas.

¿Qué nos ayuda a alcanzar una verdadera intimidad con Dios enseguida? La adoración. Nos crearon para adorar. La adoración y la alabanza traen intimidad con el Señor y nos llevan pronto a su presencia.

Escuché por primera a Charles Swindoll mencionar esto en su programa de radio *Visión para Vivir* cuando dijo que él nunca entra a la oración sin antes hacerlo a la adoración. Comencé allí, memorizando algunos coros e himnos y cantándolos suavemente al Señor por unos veinte minutos antes de empezar a orar. ¿Qué importa si no podía entonar una canción cruzando la calle Merle Hay aunque mi vida dependiera de ello?

¿Qué clase de canciones utilicé? ¡Cantos de amor! Canciones que puedo cantarle *a* Él, que se refieren a *Él* directamente. Quiero decirle que lo amo y desarrollar esa intimidad. Así que utilizo canciones que le puedo cantar a Él directamente. Hay muchas canciones que expresan amor al Señor que son populares ahora. Una de mis favoritas de ahora comienza sencillamente con: «Tú eres el que yo amo». Otra comienza con: «Yo te adoraré, mi Amor».

No, esta no es la única forma de adorar ni de encontrar intimidad con Dios. Cualquiera que sea la manera en que lo busques, solo asegúrate de no esperar hasta que dejes de masturbarte antes de acercarse a Cristo en adoración y alabanza. Necesitas esa intimidad en tu vida. Su corazón apasionado te anhela a ti. Adóralo. Él es el Creador del universo y Él está *a favor* de ti.

Un pensamiento final

Uno de los componentes clave para sobrepasar tus años como adolescente y como joven adulto es el trabajo en equipo. Todo el mundo necesita amigos o grupos que lo apoyen. Todo hombre joven necesita una relación íntima con Dios.

Por último, los hombres de todas las edades se enfrentan al mismo reto: el de pedir ayuda y ser sinceros en cuanto a sus emociones y sus luchas. Para la mayoría de los hombres jóvenes, es una gran victoria llegar al punto de pedir ayuda. ¿Ya has hecho esto?

capítulo 13

El sumo de tu impulso sexual

Si vamos a dejar de masturbarnos, el último de los cuatro requisitos es comprender lo que la televisión por cable, los vídeos, la Internet, las revistas y la fantasía son capaces de hacerle a nuestro impulso sexual.

¿Cuáles son los efectos? Sencillo. Aumentan tu impulso sexual, lo cual hace prácticamente imposible eliminar la masturbación. Algunos solo dirían que es imposible vivir la vida como un varón soltero sin tener relaciones sexuales, y que debemos elegir entre tener relaciones sexuales genuinas con una chica o las falsas con nuestra mano o volvernos loco. ¿Son esas en verdad las únicas opciones? Para contestar eso, pudiéramos hacer una mejor pregunta: ¿Requieres la masturbación a causa del impulso sexual que Dios te dio o porque lo has hecho un impulso sexual aun *mayor*?

Es solo un síntoma

Vamos a decirlo con claridad: La masturbación es ante todo un síntoma de ojos fuera de control y pensamientos corriendo con libertad. Cuando crees nuevos hábitos de proteger tus ojos y mantener la fantasía cautiva, la masturbación se puede detener. Hasta que no llegue ese momento, es probable que no se detenga. La masturbación es como el indicador de falta de aceite en el tablero de tu automóvil. Si la luz se enciende, el problema no es con la luz; el verdadero problema está en el motor.

Brennan se siente dominado en la batalla. «¡Pero mis ojos no pueden ser el único problema! ¿Y qué de mi impulso sexual?», preguntó. «Vea usted, yo tengo dieciséis años de edad y quizá tenga un impulso sexual más fuerte que el de un conejo. Como no tengo una esposa, ¿qué voy a hacer con esto? ¿Cómo voy a tener alivio?»

Mi respuesta fue: «¿Es ese tu impulso sexual natural o has hecho algo para aumentarlo?».

El tamaño de nuestro impulso sexual no es fijo. Si vamos a eliminar la masturbación, debemos ver que nuestro impulso sexual tiene dos partes. Una parte es fija desde nuestro nacimiento, pero la otra se puede hinchar como un balón de aire caliente si la alentamos.

No hay lugar a dudas que tenemos un impulso sexual básico. El Dr. James Dobson declaró en *Lo que las esposas desean que sus maridos sepan* que el varón humano, a causa de la producción de esperma y otros factores, desea con naturalidad un alivio sexual cada setenta y dos horas más o menos. Es probable que te preguntes qué se puede hacer sobre esto. ¿Hay alguna manera de tener ese alivio?

Gracias a Dios, sí. Mientras que nuestro cuerpo tiene esta presión física natural para un alivio sexual, Dios mismo ha proporcionado una «válvula de seguridad», algo con lo que estás familiarizado. Clínicamente se le llama una «emisión nocturna», pero hace mucho tiempo, en un húmedo y maloliente vestuario de fútbol, algún chico decidió llamarlo un «sueño mojado» y ese nombre se hizo popular. Las buenas noticias son que las emisiones nocturnas *pueden* obrar a tu favor en tu búsqueda de la pureza.

Una vez dicho esto, puedes preguntarte cómo esos sueños obran a favor de la pureza, ¡ya que esos vuelos semiconscientes de la fantasía quizá sean muy ardientes y fuertes! Sin embargo, no olvides que esos aspectos ardientes y fuertes provienen de lo que tu mente ha estado alimentando cada día. La misma mente y los mismos ojos puros que impiden que busques de manera activa el alivio durante el día van a limitar la impureza que tu mente quizá uses en tus sueños por la noche. Esos sueños serán radicalmente más puros en alcance y contenido que lo que ahora te imaginas.

Las emisiones nocturnas ocurren de forma natural en respuesta a la acumulación normal y natural de esperma. Esto significa que la parte fija de tu impulso sexual se controlará más o menos por la válvula de seguridad natural de Dios.

Así que al menos hay alguna ayuda con respecto a la parte de tu impulso sexual que es la línea base *natural*. Esto significa que no estás necesariamente dominado en esta batalla solo porque no tengas esposa. Sin embargo, te puede dominar si no tienes cuidado de proteger tus ojos y tu mente. Nosotros mismos nos creamos la mayoría de la presión sexual a través de la estimulación sensual visual y las fantasías mentales, las cuales aumentan la porción variable de nuestro impulso sexual hasta el punto en que es difícil manejarlo solamente a través de emisiones nocturnas. Le llamamos a esto el falso impulso sexual.

¿Qué te hizo caer?

Keith, un pastor de jóvenes soltero que conocí hace poco en Carolina del Norte, dijo que cuando alguno de sus chicos cae en la masturbación, su respuesta normal es: «¿Por qué necesitaste alivio? ¿Qué estabas haciendo durante el día que te hizo caer en la noche?».

Keith añadió: «Como ve, yo también soy soltero. Comprendo por lo que pasan ellos. Aun así, en mi experiencia, si soy fiel en proteger mis ojos y mantener las fantasías fuera de mi vida, ese impulso falso, como usted lo llama, sencillamente se seca. Deja de existir».

Algunos de los chicos de Keith aseguran que no codician mientras se masturban, y solo lo hacen para eliminar tensión. «¿Y eso que tiene que ver?», dice Keith. «Estaban fantaseando y viendo programas pornográficos en televisión por cable durante el día. Eso los llevó a hacerlo y ustedes lo saben. Si no hubieran estado viendo esos programas, no hubieran tenido antes la tensión sexual». Es raro que discutan el punto.

A fin de cuentas, la pureza sexual es sencillamente una elección. ¿Es la santidad importante para ti o no?

Thad es un estudiante universitario de veintitrés años de edad, soltero en estos momentos, sin esposa, sin novia, sin nada. «Sé que Dios requiere que me atenga a una norma muy alta», dijo Thad, «pero todavía tengo un deseo de alguna forma de satisfacción sexual, aunque solo sea una fantasía mental. Supongo que es incorrecto satisfacer este deseo en lo absoluto, ¿pero con qué lo sustituyo? No puedo sencillamente pasarlo por alto o, quizá, siendo más sincero, no quiero hacerlo. ¿Qué puedo hacer a fin de que Dios satisfaga este deseo en mí?»

La respuesta sincera es que no es la labor de Dios satisfacer ese deseo. El mismo Thad creó ese deseo a través de la fantasía, pero ahora que la situación se ha vuelto grande y frustrante, Thad quiere que Dios lo saque de ella. En la opinión de Dios, a Thad le corresponde resolverla. Thad admite que no quiere capacitar a su mente para evitar fantasías mentales. Suponemos que estará todavía menos interesado en entrenar sus ojos para que miren en dirección opuesta. Quiere que Dios lo haga por él.

Bueno, en la mayoría de los casos, Dios no lo va a hacer. Lo diremos una vez más. Más tarde o más temprano, todos tendremos que pelear por nuestra pureza. La palabra *pelear* nos lleva a una imagen verbal de gran ayuda.

¡Así que entra al cuadrilátero!

¿Alguna vez has estado pasando a través de los canales de televisión y visto a dos luchadores japoneses de sumo en un pequeño cuadrilátero? En un encuentro de lucha sumo dos gigantes hinchados vestidos con un pañal (¡qué asco!) se agarran de los brazos el uno al otro y se pegan con los hombros hasta que uno de los dos cae fuera del cuadrilátero. Bueno, imagínate que tu lucha con la masturbación es como un encuentro de sumo. Estás en un lado del cuadrilátero y tu enorme e hinchado oponente, que se llama el Sr. Impulso Sexual, está en el otro. Si arrojas al Sr. Impulso Sexual fuera del cuadrilátero, no te tienes que masturbar. Si el Sr. Impulso Sexual te arroja a ti fuera del cuadrilátero, sí te tienes que masturbar.

Estás de pie dentro del cuadrilátero, luciendo tonto en ese pañal blanco, con tus brazos cruzados y enseñando tus dientes apretados. Con ojos penetrantes, le gruñes al Sr. Impulso Sexual que te deje tranquilo. El Sr. Impulso Sexual, hinchado por un millón de comidas de lujuria y fantasía, bosteza y mira su reloj. Entonces, pareciendo bastante aburrido, camina como un pato hacia ti. Sin molestarse a agarrarse de los brazos contigo en la batalla, sencillamente mece su enorme trasero metido en un pañal y te envía volando contra la pared, donde sumisamente te sientas y te masturbas ahí mismo.

Una y otra vez entras al cuadrilátero, y una y otra vez vuelas contra la pared, vaciando un tarro tras otro de vaselina. Por un tiempo, mantienes tu valentía y te enfrentas con valor al Sr. Impulso Sexual una y otra vez. Pero, al final, tu espíritu amoratado y magullado se enoja, y culpas a Dios de todo, escupiendo en un susurro: «Dios me puso en este cuadrilátero con este enorme impulso sexual. Si no me lo hubiera dado, no me seguirían arrojado del cuadrilátero para tener que masturbarme. Es su problema, no el mío».

Esperas y esperas, pero el Sr. Impulso Sexual continúa ahí todo aburrido, aguardando más lujuria. Mientras tanto, entras al cuadrilátero para otra lección de cómo volar, y después otra, y el dolor se vuelve cada vez más profundo a medida que la desesperación inunda de lágrimas tus ojos. Decides dejar la arena de vez en cuando para ir a la iglesia. Tu pastor insiste en que es la voluntad de Dios que tú derrotes al Sr. Impulso Sexual. Tú oras por la victoria. Cuando se termina el culto, te levantas animado, regresas a la arena y declaras tu victoria una vez más. De pie en tu lado del círculo, le ordenas al Sr. Impulso Sexual: «Vete, en el nombre del Señor». Sin embargo, él se te acerca de nuevo y te golpea en tu trasero.

Tú esperas que una reducción en hormonas te haga más pequeño, pero eso nunca sucede. Esperas crecer en fortaleza espiritual, pero eso no parece suceder. Te sientes avergonzado ante Dios, sobre todo después de ver los tarros vacíos de vaselina a tu alrededor. Al final, dices: «Me parece que no es la voluntad de Dios que yo gane esta batalla».

¿No es la voluntad de Dios? Eso es una ofensa al carácter de Dios.

Dios se voltea hacia ti y te dice: «Entra al cuadrilátero». Así que obedeces, pero el Sr. Impulso Sexual te arroja contra la pared de nuevo.

Volteando hacia Dios con ojos suplicantes, gritas:

—¿Ves Dios? ¡Sálvame de este monstruo! ¿No me amas?

—Desde luego, yo te amo —dice el Creador del universo—. ¿No me amas tú?

—¡Señor, tú sabes que te amo!

—Entonces deja de alimentar al sumo.

Como ves, escondido detrás del tamaño y la anchura de ese monstruoso Sr. Impulso Sexual está una estructura genética de cómo se *supone* que debe parecer tu impulso sexual. En verdad, el Sr. Impulso Sexual es solo un debilucho de metro y medio de estatura y cincuenta kilos de peso, pero él se ha puesto enorme porque tú lo ha alimentado muy bien a través de los años. Le has servido seis a diez comidas de lujuria al día hasta que se hizo grande y gordo como un elefante.

Una vez que decides dejar de alimentar al Sr. Impulso Sexual, sin embargo, su peso y su corpulencia disminuirán. Bajará kilos de la noche a la mañana. Como mencionamos antes, ¡todo lo que tienes que hacer es dejar de alimentarlo con televisión por cable, vídeos, Internet, revistas y fantasías!

Ten la seguridad que él no bajará cien kilos en una noche, pero el Sr. Impulso Sexual bajará de peso con mucha rapidez si decides no poner enormes cantidades de comida «sexual» frente a su cara gorda. Entonces reducirás al Sr. Impulso Sexual a un ser debilucho, y una vez que esto ocurra, comenzarás a ganar algunas de esas batallas dentro del cuadrilátero.

Puedes hacerlo, pero necesitas actuar con urgencia y elegir ser fuerte y valiente frente a tus amigos en tu búsqueda por la pureza. En el instante que demora en tomar esa decisión, el Espíritu Santo comenzará a guiarte a través de la batalla.

Vamos a hablar en específico examinando la película *Titanic*. ¿Cómo obtuvo esta película una clasificación de apta para mayores de doce años de edad? La cruda sexualidad de la «escena del dibujo» solo debió haber clasificado esta película como prohibida para menores de dieciocho años. Francamente, esa escena desnuda me recuerda algunas de las películas pornográficas de la era de los años setenta que yo (Fred) veía en los dormitorios cuando no me importaban las leyes de Cristo para nada. No debemos tener ni un indicio de inmoralidad sexual en nuestra vida; ¿cómo puede la pornografía de núcleo blando en *Titanic* enfrentarse a esta verdad?

¿Cuántos hombres jóvenes han puesto *Titanic* en su aparato de vídeo y se han masturbado con esta escena del dibujo? ¿Cuántos padres cristianos han comprado este vídeo inconscientemente, sin saber que sus hijos pueden tener relación sexual con la actriz Kate Winslett cada vez que lo deseen, día o noche?

¿Y qué sucede en los días subsiguientes? Suena el despertador y te quedas acostado medio dormido en la cálida suavidad de tu cama mientras tratas de *despertarte*. Pronto, la suavidad de la imagen de ella llena tu mente y en la tranquila mañana tu mente acaricia de nuevo su cuerpo lleno de curvas. Una sutil sonrisa de invitación se dibuja en tus labios y tu motor comienza a correr cada vez más rápido. Indefenso ante sus encantos, te estás masturbando de nuevo.

Y no son solo las películas clasificadas como prohibidas. La película *La Sociedad de los Poetas Muertos*, clasificada como apta para niños con consentimiento de sus padres, exhibe por largo tiempo una foto desnuda en primer plano de la página central de *Playboy*. La película *Novia Fugitiva* no tiene desnudez, pero está llena de chistes sensuales que están fuera de lugar para los cristianos de acuerdo a Efesios 5:4. ¿Cuántos fuegos sexuales encendió Julia Roberts con sus juguetonas coqueterías de que ya ella «había encantado la serpiente de un solo ojo» mucho antes de la boda?

Esa clase de comida sensual puede hacer que tu impulso sexual crezca como un sumo más rápido de lo que puedas decir: «Yo lo quiero supergrande». Si no puedes controlar tu impulso sexual, ¿de quién es la culpa? ¿Es de Dios, por haberte dado el impulso sexual? ¿O es tu culpa por poner el pie en el acelerador y pasarte de la línea roja corriendo demasiado a menudo?

Tienes que tomar una decisión. No puedes alimentar tus ojos con las mismas películas que tus amigos de la escuela y esperar mantenerte sexualmente puro. ¿Significa esto que tienes que dejar de ir al cine? Desde luego que no. Sin embargo, tienes que discernir lo que es bueno. ¿Deseas la pureza sexual y la intimidad más profunda que resulta o deseas ser uno del grupo, agarrándote de la pureza solo cuando te conviene?

La voluntad de Dios *es* que tú tengas pureza sexual. Tenemos verdadero poder a través del Señor para vencer cualquier nivel de inmoralidad sexual, pero si continuamos alimentando al sumo mientras nos relajamos disfrutando nuestros muchos orgasmos todos los días, no es posible.

Puedes contar con la ayuda de Dios en esta batalla. Dios envió a su Hijo a morir brutalmente para que ganes la libertad de decir que no al pecado. Puso la nueva vida de Cristo en ti para transformarte. Envió su Espíritu para consolarte y guiarte. Pelea por ti todos los días, aun interviniendo de manera activa como lo hizo conmigo en el apartamento de Janet cuando no pude hacer nada en la cama esa noche.

Sin duda, Dios tiene su trabajo es esta batalla, pero tú también tienes el tuyo, y ese es huir de la inmoralidad sexual. ¡Deja de alimentar al sumo!

> Los que son de Cristo Jesús han crucificado la naturaleza pecaminosa, con sus pasiones y deseos.
> (Gálatas 5:24)

> En cuanto a mí, jamás se me ocurra jactarme de otra cosa sino de la cruz de nuestro Señor Jesucristo, por quien el mundo ha sido crucificado para mí, y yo para el mundo. (Gálatas 6:14)

Señores, ¡levántense y crucifiquen!

¿Crucifiquen qué? Todo indicio de inmoralidad sexual. Tu lucha contra el sumo depende de esto. Si siempre pensaste que el Sr. Impulso Sexual era demasiado grande y demasiado fuerte, espera a que le comiences a negar el alimento «sexual». ¡Lo reducirás enseguida y lo arrojarás fuera del cuadrilátero!

QUINTA PARTE

Establece tus defensas

capítulo 14

Desarrolla tu plan de batalla

Antes de comenzar a ganar nuestras batallas por la pureza, experimentamos una serie de reveses, en parte porque en realidad no habíamos tomado una firme decisión de no cruzar la línea. Más o menos deseábamos la pureza y más o menos no la deseábamos. No comprendíamos el mejor camino a tomar y, además, todo este concepto de la integridad sexual era misterioso. Nadie jamás nos dijo que no alimentáramos a nuestro sumo.

Satanás tampoco quería que nosotros te lo dijéramos, pero ahora que ya lo sabes, su mayor arma de ataque será el engaño. Sabe que Jesús ya compró tu libertad. También sabe que una vez que comprendas cómo dejar de alimentar al Sr. Impulso Sexual, es probable que empujes al gigante fuera del cuadrilátero en corto tiempo. Así que te engaña y te confunde. Te embauca a fin de que pienses que eres una víctima indefensa. Te dice que el pecado sexual es solo parte de ser un hombre y que no hay nada que puedas o debas hacer al respecto. Te dice que no necesitas vivir una vida de obediencia porque la *obediencia* es solo otra palabra para definir el legalismo. Te dice que las reglas solo te aplastarán.

Este capítulo removerá el misterio alrededor de tu enemigo. En primer lugar, te definiremos tu verdadero objetivo en términos prácticos, describiendo en el camino algunos atributos críticos de tu pecado sexual. Presta mucha atención a estos detalles porque, una vez que entras al cuadrilátero, quieres salir victorioso. Más tarde te llevaremos a través del plan de batalla específico de Fred para enseñarte cómo él se defiende contra sus tentaciones más molestas.

Tu objetivo

Tu meta es la pureza sexual. He aquí una buena definición de lo que es... buena por su sencillez: Eres sexualmente puro cuando la gratificación sexual solo proviene de tu esposa.

Espera un momento. ¡Yo no estoy casado! Eso lo sabemos, pero la pureza sexual tiene la misma definición, seas casado o soltero. Cuando eres sexualmente puro, eso significa que no buscas gratificación sexual. La gratificación sexual alimenta al sumo. ¿Así que cómo llegas a ese punto?

Para los adolescentes y los adultos jóvenes, la gratificación sexual viene de tres lugares: los ojos, la mente y el cuerpo. Por lo tanto, como en cualquier guerra, necesitas bloquear las «líneas de embarque» de los ojos y de la mente que te llevan hacia el pecado sexual y que mantienen fuerte a tu enemigo. Además de eso, necesitas también asegurarte de que tienes afectos y actitudes saludables y positivas en tus relaciones con las chicas. En otras palabras, deseas que tu corazón esté bien y que tus límites estén claros. Para alcanzar esto, necesitas construir tres perímetros de defensa en tu vida:

1. Necesitas construir una línea de defensa con tus *ojos*.
2. Necesitas construir una línea de defensa en tu *mente*.
3. Necesitas construir una línea de defensa en tu *corazón*.

Piensa en la primera línea de defensa, tus ojos, como un muro con letreros a todo su alrededor que digan «No entre». Ese letrero defiende tus ojos al ser un pacto como el que hizo Job: «Yo había convenido con mis ojos no mirar con lujuria a ninguna mujer». Defiendes tus ojos entrenándolos para «rebotar» de cualquier cosa sensual. (Hablaremos un poco sobre esto en este capítulo, y explicaremos en detalles cómo hacerlo en el capítulo 18.)

La segunda línea de defensa es tu mente. Con la mente no bloqueas necesariamente los objetos de lujuria, pero los evalúas y los capturas. Un versículo clave de apoyo es 2 Corintios 10:5: «Llevamos cautivo todo pensamiento para que se someta a Cristo». Debes entrenar tu mente para tomar cautivos a los pensamientos, algo que tu mente no ha estado dispuesta a hacer. (En el capítulo 19 aprenderás más sobre esto.)

Tu tercera línea de defensa (la cual describiremos con más detalle en el capítulo 20) es tu corazón. Este perímetro de defensa más íntimo se construye fortaleciendo la autenticidad de tu amor cristiano por las chicas con las que sales, al igual que aumentando tu compromiso de ser una bendición a otros. Tú deseas honrar y apreciar a toda mujer joven con la que sales, al igual que deseas que el joven que está saliendo con tu futura esposa la esté honrando y apreciando.

De modo que este es tu plan de batalla. Eso es... nada más y nada menos. Tan pronto como establezcas los perímetros, serás libre de la impureza sexual. Este plan de ataque quizá parezca muy sencillo para que sea eficaz, pero no hagas caso a este pensamiento. A medida que estudias los atributos de su enemigo, te darás cuenta que esa sencillez es más que suficiente.

Antes de seguir adelante a construir la primera de las tres líneas de defensa, vamos a remover el misterio alrededor del pecado sexual alcanzando un mejor entendimiento del enemigo a fin de que no nos engañe.

La impureza es un hábito

Algunos quizá piensen que la impureza es genética, como el color de tus ojos. *Yo soy varón, y es por eso que tengo ojos impuros y una mente impura.* Pero no podemos culpar a la genética por nuestros ojos errantes, aunque nosotros los hombres en definitiva estemos orientados a la parte visual más que las mujeres. El problema es que algunos hombres se excusan como *víctimas* de ojos y pensamientos impuros, como si eso los absolviera de toda responsabilidad.

¿Deseas saber la verdad? La impureza es un hábito. Vive y actúa como un hábito. Cuando una mujer muy seductora en una bikini francesa pasa junto a tu toalla de playa, tus ojos tienen el hábito de enfocarse en ella, mirándola de arriba abajo.

Cuando la animadora de juegos con los senos más grandes del mundo pasa junto a ti, tus ojos se van con ella. Cuando la edición de trajes de baño de *Deporte Ilustrado* llega a tu buzón cada febrero, fantaseas con las curvas y las hendeduras, imaginándote cómo te sentirías si pudieras tocarla ahí.

Haces estas cosas porque tienes el *hábito* de hacerlas. ¿No has estado haciéndolas desde que descubriste a las chicas cuando estabas en el sexto grado de primaria? Como que mirar la «mercancía» es solo un hábito y no algún hechizo que te persigue, puedes cambiar. Y creemos que puede hacerse en tan solo seis semanas.

Así que, ¿cómo rompes el mal hábito de enfocarte en todos los senos y los traseros que pasan por tu camino? Sencillamente lo reemplazas por un nuevo y mejor hábito. Claro, tomará algo de práctica. Aunque si te puedes comprometer a hacer esto por las próximas cuatro a seis semanas, el viejo hábito que parecía tan fuerte se volverá poco natural.

La impureza actúa como un hábito

Tu vida es rutinaria. Si estás todavía en la escuela, el despertador suena exactamente a las 6:38. Tomas tu tiempo para levantarte poco a poco, te bañas, te vistes y desayunas un tazón de tu cereal favorito, apurado por salir de la casa a las 7:35. No tienes que pensar cada mañana lo que vas a hacer. Es la misma *rutina* de nuevo.

Tú también has desarrollado hábitos similares en el campo sexual, sobre todo en la forma en que ves a las mujeres jóvenes. Esas son las malas noticias. Las buenas noticias son que mientras que la impureza sexual parece ser un mal hábito, la *pureza* sexual puede obrar como un *buen* hábito.

Estas deben ser noticias alentadoras para ti. Al entrar en la batalla contra la impureza, es probable que no veas nada más que una batalla agotadora después de otra batalla agotadora que te espera en el horizonte. Quizá te digas: «Yo no puedo trabajar tan duro por el resto de mi vida para alcanzar la pureza». No obstante, si puedes perseverar un poquito más, ese buen hábito de la pureza se establecerá. Entonces participarás en batallas que requieren mucho menos esfuerzo.

En la actualidad, pecas sin pensarlo; tus ojos gravitan hacia cualquier seno que salta cuando pasa junto a ti. Sin pensarlo, tus malos hábitos se despiertan. Con el hábito de la pureza en su lugar, cuando la bien formada animadora camina por el pasillo hacia ti, miras en otra dirección sin siquiera pensarlo. Si quieres ver, tendrás que forzar tus ojos para hacerlo.

La impureza lucha como una adicción

La impureza de los ojos y de la mente vive como un hábito, pero lucha como una adicción. Muchos hábitos son adictivos. Los fumadores tienen el fuerte deseo de fumar. Los drogadictos «necesitan una dosis». Los alcohólicos necesitan «algo que les abra los ojos» para comenzar el día.

A fin de vencer algunas adicciones, la fuente adictiva se puede reducir poco a poco. Para otras, el mejor método es dejarlas de una vez por todas. ¿Qué da más resultados en la impureza sexual? La respuesta: dejarla de una vez por todas. Sencillamente, no puedes reducirla. Lo hemos intentado y no resultó porque descubrimos que nuestra mente y nuestros ojos eran demasiado tramposos y engañosos. Solo reduciéndola, cualquier impureza que permites parece multiplicarse en su impacto, y no puedes romper el hábito. Además, la simple reducción también crea la posibilidad de juergas sexuales que pudieran durar varios días.

Las juergas destruyen tu espíritu. «Yo trataba de detener mi pecado sexual sin comprender en verdad con lo que luchaba», dijo Cliff. «Podía apretar mis dientes y tener éxito por un corto tiempo, pero de repente, quizá a causa de alguna película sobre chicas o algún pensamiento lujurioso que tomaba su propio curso, me masturbaba. Entonces me decía: "Bueno ya que fracasé, mejor fracaso en grande". Me masturbaba dos o tres veces al día por las próximas una a dos semanas antes de poder recobrar las fuerzas para luchar de nuevo. No le puedo decir cuántas veces he tenido una juerga como esta».

Así que dejarla de una vez por todas es la forma de hacerlo. Cierras la puerta dejando de alimentar del todo a tus ojos de todas las cosas sensuales. Dejar de alimentar a los ojos también te ayudará a vencer el deseo de tener relaciones sexuales prenupciales con las mujeres con las que sales. Comenzarás a verlas como personas y no como objetos.

Ahora, no esperes que esos hábitos se mueran con facilidad. Puedes esperar un «deseo de fracasar» interno ya que estás acostumbrado a obtener gratificación sexual a través de tus ojos, en cualquier momento y en cualquier lugar que deseas. Recuerda, estas traen una euforia química, y tu cuerpo peleará para tener esas euforias. Esta gratificación sexual ha servido para aumentar tu impulso sexual desde la pubertad. La eliminación de esta fuente de gratificación a través de los ojos actúa para disminuir tu impulso sexual y para hacer más fácil la pureza.

Sin embargo, recuerda: Hasta cierto punto siempre será una lucha. Aunque quizá no haya opresión espiritual involucrada en tu batalla, siempre habrá oposición espiritual. El enemigo susurra en tu oído constantemente. No quiere que ganes esta lucha, y sabe las mentiras que destruyen la confianza de un hombre joven y su voluntad de ganar. Es de esperar que escuches mentiras y muchas de ellas. He aquí una lista de las más comunes de todos los tiempos. (Después de cada mentira, declararemos la verdadera realidad.)

Satanás: «Eres el único lidiando con este problema. ¡Si alguien se entera, serás el hazmerreír del grupo de jóvenes!»

La verdad: La mayoría de los hombres jóvenes se enfrentan a este problema, así que nadie se reirá».

Satanás: «Fracasaste de nuevo. Nunca serás capaz de entrenar tus ojos. Es imposible».

La verdad: No es imposible. ¿No entrenó Job sus ojos? Era un hombre igual que tú.

Satanás: «¡Estás siendo muy legalista! Estás hilando muy fino».

La verdad: Dios aún tiene normas de comportamiento para nosotros, y todavía es buena idea vivir en pureza de acuerdo a sus normas.

Satanás: «Ah, ¿qué te pasa? No seas un tonto. Este plan de "cambiar hábitos" nunca dará resultados».

La verdad: El plan resultará porque para la mayoría de los hombres el problema de la impureza sexual no es más que malas decisiones que se convirtieron en malos hábitos.

Satanás: «¿Para qué pelear contra él? La sexualidad es divertida y no le hace daño a nadie».

La verdad: No siempre lo puedes ver, pero los costos de tu pecado son mayores de lo que piensas.

Como ves, la oposición es brutal y despiadada. Para establecer tu primera línea de defensa, comienza con tus ojos. Quieres entrenarlos para «rebotar». Si logras hacerlo durante seis semanas, puedes ganar esta guerra.

El rebote de los ojos

En el pasado, nuestros ojos siempre han rebotado *hacia* lo sexual y no *en dirección opuesta* a ello. A fin de combatir los años y años de esta acción reflexiva, necesitas entrenar tus ojos para que reboten de inmediato en dirección opuesta cuando encuentran una imagen sexual, igual que la forma en que quitas la mano de una cocina caliente. Aquí está concisamente:

> Cuando tus ojos rebotan hacia los atributos de una mujer, necesitan rebotar de inmediato en dirección opuesta.

Sin embargo, ¿por qué debe ser inmediato el rebote? Uno puede argumentar que un vistazo es un vistazo. Un vistazo no se mantiene fijo.

De acuerdo, un vistazo es diferente a mirar con fijeza y con la boca abierta mientras la baba se acumula a tus pies, pero un vistazo puede ser más que suficiente «jugo para los ojos» a fin de darle esa pequeña euforia química, ese pequeño empuje. En nuestra experiencia, rebotar en dirección opuesta de inmediato es limpio y fácil para que la mente comprenda y no le da a la mente la opción de «mirar y cargar».

¡Ten cuidado! Como hemos dicho, cuando comienzas a rebotar tus ojos, tu cuerpo luchará contra ti en formas peculiares e inesperadas. Como que el pecado sexual tiene una naturaleza adictiva, tu cuerpo no renunciará a sus placeres sin pelear. Tendrás que buscar maneras creativas de mantenerte visualmente puro, y eso lo logras a través de estos dos pasos lógicos:

1. Analízate. ¿Cómo y dónde te atacan más?
2. Diseña tu defensa para cada uno de los mayores enemigos que has identificado.

Tu primer paso es hacer una lista de tus «mayores enemigos». ¿Cuáles son las fuentes más obvias y prolíficas de imágenes sensuales con que te encuentras? ¿Hacia dónde miras más a menudo? ¿Dónde eres más débil?

Al escogerlos, recuerda que deben ser fuentes de las que extraes satisfacción sexual. No cometas el error de escoger debilidades que no son visuales para esta lista, que fue lo que hizo Justin. Esto es lo que este estudiante universitario escribió como sus tres grandes fuentes de debilidad:

1. Duchas
2. Estar solo en la casa
3. Estudiar tarde

Todos podemos entender por qué estas pueden ser problemáticas. En la ducha estás desnudo con agua tibia corriendo por tu cuerpo. Esto puede ser sensual. Cuando estás solo en la casa, no hay nadie a tu alrededor para descubrirte si estás viendo cosas que no debes o si decides masturbarte. Cuando estás estudiando tarde, te estás lamentando de tu suerte y necesitas «consuelo».

Aun así, esos puntos débiles no tienen que ser el objetivo si tú entrenas tus ojos a rebotar y eliminar los estímulos visuales. Sin alimentar las fantasías mentales, las fiebres sexuales que llevan a tu mente a pecar se disiparán. Estas situaciones perderán su poder de una forma natural.

La defensa en seis frentes

Yo (Fred) no tenía problemas haciendo una lista de mis seis mayores puntos de debilidad. Te explicaré cómo me enfrenté a ellos. Desde luego, yo era un poco mayor que tú y estaba casado para entonces, pero estas debilidades son bastante universales. Además, no te puedo dar tantos detalles sobre la batalla interna si utilizo la historia de otra persona. Sencillamente incorpora lo que aprendas de estos detalles al enfrentar tus propias debilidades. En los siguientes capítulos, discutiremos a través de sus historias algunos de los obstáculos singulares que enfrentaron otros hombres jóvenes como tú en esta batalla.

1. La defensa contra los anuncios de ropa interior femenina

Los anuncios de ropa interior femenina eran mi peor enemigo y permanecieron difíciles de controlar por largo tiempo. Sé que los anuncios de periódico de mujeres en sus sostenes y bragas no son nada comparados a la desnudez total que ves en *La Estafa Perfecta*, pero yo permitía que mi imaginación hiciera el resto. Esto casi era una diversión. De vez en cuando, me encontraba la mina de oro: un artículo sobre trajes de baño o sobre ejercicios ilustrado con traseros en trajes de baño ajustados por todas partes.

Tuve que entrenar mis ojos para que rebotaran en dirección opuesta cuando me encontraba esas imágenes en el periódico, ¿cierto? Eso resultó ser demasiado difícil, al menos en el principio, así que establecí una serie de reglas para mantener esas imágenes fuera de mis manos antes de que mis ojos tuvieran oportunidad de verlas.

Regla 1: Cuando mi mano alcanzaba la sección de anuncios de tiendas por departamentos (donde estaban los anuncios de sostenes y bragas), perdía el derecho de tomarlo si sentía en lo más mínimo que mi motivo subyacente era ver algo sensual.

A decir verdad, este enfoque no marchó bien al principio. Aunque sentir el motivo era fácil, desistir al derecho de tomarlo no lo era. Mi carne sencillamente pasaba por alto lo que estaba ocurriendo. Mi mente gritaba: «¡Cállate! ¡Quiero esto y lo voy a tener!». Mi carne ganaba sin cesar, pero a medida que comencé a tener éxito en otras partes de bloquear mis ojos, mi odio por el pecado aumentó y mi voluntad y mi disciplina se fortalecieron más. Nunca me di por vencido, y llegó un día en que los anuncios de ropa interior femenina dejaron de atraparme.

Regla 2: Si una revista tenía una chica claramente sensual en la cubierta, rompía la cubierta y la tiraba. Los catálogos de ropa o revistas con cubiertas sensuales pueden estar en la casa por largo tiempo atrayendo tus ojos todo el mes. Te preguntaré esto: ¿Qué harías si una mujer con grandes senos en una escasa bikini viniera a tu habitación y se sentara en tu escritorio diciendo: «Solo me voy a sentar aquí por un rato, pero te prometo que me voy al final del mes»? ¿Le permitirías quedarse para echarle un vistazo cada vez que entres a la habitación? No lo creo. Así que, ¿por qué permitirle que se quede allí en la forma de una foto?

Regla 3: Con respecto a la sección de anuncios de las tiendas por departamentos, me permitía tomarlos si estaba en verdad buscando precios de oferta en equipos de computación o piezas para automóviles, pero me forzaba a verlos comenzando por la última página.

No me pregunte cómo lo descubrí, pero los anuncios de ropa interior femenina casi siempre estaban en las páginas dos y tres. Los anuncios de equipos de acampar, automotrices y de computadoras estaban en la segunda mitad de la sección. Abriendo la sección por atrás, evitaba completamente ver las atractivas jóvenes modelos. A medida que pasó el tiempo, si me encontraba una imagen sensual donde no la esperaba (viendo la sección de noticias locales, por ejemplo), mantenía el pacto normal de rebotar mis ojos de inmediato.

2. No se enfoque en las corredoras

Cuando me acercaba en mi coche a una corredora por la orilla de la carretera, mis ojos se enfocaban en ella como si fueran cohetes en busca de calor. Tenía que moverme con rapidez, ¡o la pasaría pronto! Sin embargo, tratar de mirar en dirección opuesta de una corredora creaba un problema: No podía conducir con prudencia si me concentraba en *no* estar atento a ella. Eso podía ser peligroso, aun en las carreteras de campo en Iowa. Después de todo, no quería atropellar a nadie.

Estudiando la situación, encontré una solución. En vez de mirar del todo en dirección opuesta, volteaba mi mirada a la otra orilla de la carretera, y mantenía a la corredora al borde de mi visión periférica. No estaba fuera de mi vista al máximo, pero estaba fuera de mi mente.

Mi cuerpo comenzó a defenderse en varias formas interesantes. Primero, mi cerebro discutía fuertemente conmigo: *Si mantienes esto, vas a causar un accidente o atropellar a alguien.* Analicé el argumento y respondí: *Tú sabes y yo sé que eso es muy improbable. Sé conducir un coche.*

El segundo intento de mi cuerpo para detenerme fue muy peculiar. Cuando veía una corredora y de manera reflexiva miraba en otra dirección, mi mente me engañaba haciéndome creer que reconocía a la persona, y eso me hacía verla de nuevo. Mi mente era tan diestra que casi todas las mujeres corredoras me recordaban a alguien que conocía. ¡Eso fue muy irritante! Tomó un tiempo para que yo dejara de caer por ese ardid.

Mi mente trató un último engaño. Mientras pasaba a la corredora sin mirarla directamente, me relajaba por un momento. En ese mismo instante, mi cerebro se aprovechaba de mi descuido ordenándole a mis ojos que miraran por el retrovisor para otro vistazo directo. Dependiendo de si ella iba o venía, eso resultaba. No obstante, me di cuenta de lo que estaba pasando,

¡y eso en verdad me molestó! Tuve que aprender a no descuidarme después de pasarla, y al cabo de un tiempo ese engaño también desapareció.

Cuando caía por uno de esos engaños, me gritaba: «¡Tú has hecho un pacto con tus ojos! No puedes hacer más eso». En las primeras dos semanas, debo haber dicho eso un millón de veces, pero la continua confesión de la verdad finalmente obró una transformación en mí.

3. El rebote de las vallas

Esas grandes vallas de anuncios a lo largo de la carretera son notables por presentar alguna mujer alta, sensual, con ropa ajustada a su cuerpo, acostada sobre el frente de un automóvil. Ella susurra: «¡Ven, muchacho grande, compra este coche poderoso y me tendrás a mí también!». Sé de una valla gigante anunciando una estación radial de rock que exhibe una foto en primer plano de unos senos en una bikini con este anuncio: «¡Qué par!».

Mi mecanismo de defensa, desde luego, era rebotar mis ojos. Aun así, lo llevé un paso más allá recordando dónde estaban las vallas sensuales a lo largo de mi viaje diario. Tú debes hacer lo mismo en tu ruta a la escuela o al trabajo. Si está fuera de la vista, está fuera de la mente, ¿cierto?

Cuando diseñé mi defensa contra las vallas, pensé en mi experiencia como adolescente conduciendo una camioneta de un hotel. Teníamos un contrato con las compañías de aviación para llevar a los pilotos y las auxiliares de vuelo del aeropuerto al hotel. El contrato requería que completáramos el viaje en diez minutos. Solo una ruta del aeropuerto era lo bastante corta como para llegar en el tiempo límite: una calle sin pavimentar con muchos baches. Aprendí con dolor que había una relación directa entre el número de baches a los que le pegaba y el tamaño de mi propina, así que memoricé dónde estaban los baches en esa calle al igual que las maniobras que tenía que hacer para evitar la mayoría de ellos. Al final, me volví lo bastante competente para conducir por esa calle con los ojos vendados y caer en muy pocos de esos cráteres que hacían castañetear los dientes.

Con las vallas es más fácil memorizar dónde están y evitar todo contacto visual que verlas y después rebotar los ojos.

4. Dile adiós a los anuncios de cerveza y bikini

Ningún hombre puede ver una actividad importante deportiva en estos días sin que lo ataquen las tentaciones. Eso se debe a que los programas de deportes los presentan con anuncios mostrando un grupo típico de mujeres medio desnudas saltando en una playa con algunos chicos cubiertos de cerveza. ¿Qué va a hacer un hombre joven?

La respuesta es mantener el control remoto en la mano... ¡y cambiar de canal! Cuando estás armado con un control remoto, ¡puedes hacer cualquier cosa! *Armas listas para matar.* Todas las dulzuras se eliminan por el control remoto mientras cambias a un canal de noticias durante los anuncios. (Si tu padre se apropia del control remoto, como les encanta hacer a los padres, dile que lea esta parte del libro. También debe eliminar los anuncios de cerveza y bikini para él.)

5. Sigue motivado también en el cine

Los adolescentes y los hombres jóvenes están en una posición difícil cuando se trata de las últimas películas de estreno de Hollywood. Eso se debe a que los estudios te pintaron un blanco directamente en medio de tu pecho (u otra parte). No es ningún secreto que los estrenos de hoy en día se enfocan hacia el mayor público que compra boletos, que son las personas jóvenes. A fin vender más entradas y ganar más dinero, la gente de Hollywood ha descubierto que «llegar a los extremos» hace que se abarroten los cines los viernes y los sábados en la noche: «noches de citas».

Es aquí donde te tienes que educar sobre lo que se está presentando en el cine. Por lo general, Hollywood saca estrenos de «adolescentes excitados» que están llenos de alusiones sexuales, chicas quitándose las blusas, actos sexuales simulados y toneladas de comportamiento caliente.

Este es un campo en el que tienes que asumir la responsabilidad porque muchos adolescentes viven con padres que no les importa lo que ven en el cine ni cuando están solos en la casa. Para los hombres jóvenes que viven solos, nada les prohíbe comprar un boleto. La pregunta es esta: ¿Vas a ser auténtico? Un cristiano vive como un cristiano cuando no hay nadie a su alrededor.

Yo no tuve problema con películas de «adolescentes calientes» ya que estaba casado y tenía una familia cuando comencé mis nuevos caminos. Sin embargo, las películas por cable cuando viajaba me debilitaron mis rodillas. Mi trabajo requería viajes de un día para otro con regularidad, así que me iba a un hotel cuando terminaba mi día de trabajo. Eso me dejaba con horas sin nada que hacer en mi habitación en el hotel. Era obvio que estaba vulnerable a ver películas por cable y lo hice una y otra vez.

Traté una variación de mi «regla del motivo» con los anuncios de revistas a fin de vencer esas películas llenas de erotismo. Cuando tomaba el control remoto para encenderlo, examinaba mis motivos. Si eran limpios, me permitía encender el televisor, casi siempre manteniéndolo en los canales de noticias o de deportes. El problema era que me aburría y, sin pensarlo, comenzaba a cambiar de canales.

La «regla del motivo» marchaba mejor con los anuncios de revistas porque una vez que renunciaba al derecho de verlos, me podía levantar e ir a otro lugar y encontrar otra cosa que hacer. No era así con el televisor del hotel; seguía teniendo horas de soledad en la habitación del hotel con la pantalla apagada que me veía y decía: «¡Ven, grandullón!».

Te diré que era difícil prohibirme encender el televisor del hotel. Aun así, eso fue lo que hice, decidiendo que había perdido mis privilegios y no se me permitía encenderlo por un tiempo. ¿Te parece drástico? Algunos vendedores ambulantes me han dicho que ponen una manta sobre el televisor para no verlo.

Otros llaman a la recepción y les piden que «bloqueen» los canales de pago por evento de pornografía blanda.

Lo que tengas que hacer, hazlo.

Si vives solo, tendrás el mismo problema con tu televisor, sobre todo si te suscribes a un canal de películas como HBO. Quizá quieras reconsiderar esa suscripción. Si aún vives con tus padres y hermanos, solo ve la televisión cuando tengas compañía. Si estás solo en la casa, ten cuidado.

6. Respeta a las recepcionistas... ¡rápidamente!

Algunas veces cuando entro a un edificio de oficinas, la recepcionista está de pie. Cuando le digo mi nombre, típicamente ella se inclina para utilizar el teléfono para anunciar que he llegado. A menudo su holgada blusa de seda se abre revelándolo todo.

Nunca se me había ocurrido voltear la mirada; sencillamente pensaba que era mi día afortunado. Sin embargo, cuando comencé a buscar la pureza, me di cuenta que esto tenía que detenerse. La defensa era sencilla. Antes, cuando llegaba y veía que la recepcionista estaba de pie, sabía lo que podía ocurrir y lo buscaba. Ahora utilizo el mismo conocimiento a mi favor. Cuando la veo de pie, volteo la mirada aun antes de que ella se incline. O, si la veo caminando hacia un archivo, volteo mi mirada antes de que se incline para buscar una carpeta. De todas las debilidades, está la controlé con mucha facilidad. Ahora con toda naturalidad volteo la mirada.

Es probable que tú no te encuentres con muchas recepcionistas, pero hay empleadas de tiendas de ropa, vendedoras de boletos, camareras... quizá algunas maestras... montones de mujeres sensuales por ahí que te puedes encontrar a través de la vida. ¡Recuerda rebotar esos ojos en dirección opuesta enseguida!

Aquí tienes un ejemplo práctico de un plan de batalla útil. ¿Has desarrollado algunas estrategias personalizadas para ti? Más enfocado al corazón del asunto: *¿Has tomado finalmente tu decisión a favor de la pureza sexual?* Si es así, ¡estupendo! Ahora comprendes por qué fallar en eliminar todo indicio de inmoralidad sexual de tu vida resulta peligroso. Comprendes cómo la sensualidad visual de vestidos indecorosos, películas sugestivas, anuncios que se pasan de la raya y todo el resto alimenta tus ojos y lo enciende sexualmente. Comprendes cómo el cerebro obtiene placer de las euforias químicas que experimenta cuando ocurre la excitación.

Sencillamente estamos diciendo que para atravesar hasta el otro lado, necesitas comenzar a eliminar las imágenes sensuales que llegan a tu mente a través de tus ojos. En otras palabras, elimina de una vez y por todas las euforias químicas. Ya es tiempo.

capítulo 15

Tu espada y tu escudo

Te hará falta desarrollar tus propias estrategias para rebotar tus ojos, ya que tus debilidades son diferentes a las nuestras. Después de todo, es probable que tu escuela esté plagada de chicas que usan blusas escasas, vestidos de bajo escote y ropa interior como si fuera exterior. Tienes acceso a sitios pornográficos en Internet que no estaban disponibles cuando comenzó la secundaria. Cuando tus amigos van a la playa o a un parque acuático, todas las chicas que conoces usan una bikini.

Aunque nos enfrentamos a diferentes obstáculos, los principios son los mismos y las estrategias serán similares. Aunque es importante recordar una cosa: Nuestras estrategias para rebotar los ojos tal vez parezcan muy sencillas, y quizá aun fáciles de hacer, pero no lo son. Satanás lucha en tu contra con mentiras al mismo tiempo que lo hace tu cuerpo con los deseos y la fortaleza de malos hábitos que están profundamente arraigados. Para ganar, también necesitarás una espada y un escudo. De todas las partes de tu plan de batalla, esta es quizá la más importante.

Toma tu espada y tu escudo

Necesitarás un buen versículo de la Biblia para utilizar como una espada y un punto de partida.

¿Solo uno? Resulta útil memorizar varios versículos de la Escritura acerca de la pureza ya que obran para que al final transformen y laven la mente. No obstante, en la lucha de una vez y por todas, día a día, en contra de la impureza, el tener varios versículos memorizados quizá resulte tan incómodo como ponerse una mochila de cincuenta kilos a fin de tomar parte en un combate mano a mano. No eres lo bastante ágil para maniobrar con rapidez.

Es por eso que recomendamos un solo «versículo de ataque» y es mejor que sea rápido. Sugerimos la primera frase de Job 31:

> Yo había convenido con mis ojos.

Cuando fracasas y persistes en alguna chica sensual, di de manera cortante: «No, yo hice un pacto con mis ojos. ¡No puedo hacer eso!». Cuando veas unos senos en una valla, di: «No, yo hice un pacto con mis ojos. ¡No puedo hacer eso!». Esta acción será una daga rápida al corazón de tu enemigo.

Tu escudo: un solo «versículo de protección» en el que puedas reflexionar y extraer fortaleza, aun cuando no estás en la línea directa de fuego, puede ser más importante que tu espada porque pone a la tentación fuera de alcance. Sugerimos que selecciones este versículo como tu escudo:

> Huyan de la inmoralidad sexual [...] Ustedes no son sus propios dueños; fueron comprados por un precio. Por tanto, honren con su cuerpo a Dios. (1 Corintios 6:18-20)

Hemos destilado este versículo de escudo a su esencia y lo hemos repetido en la cara de muchas situaciones tentadoras cuando nos enfrentamos a imágenes o pensamientos sensuales:

> Yo no tengo el derecho de ver eso ni pensar en ello. No tengo la autoridad.

Un escudo como este te ayudará a pensar como es debido en los verdaderos factores involucrados cuando te enfrentas a la tentación en tu lucha por la pureza. El poder de tentación de Satanás está en su aparente derecho a tomar decisiones acerca de tu propio comportamiento. Si no crees que tienes este derecho, ningún poder de tentación te podría tocar.

Considera un ejemplo específico. Yo (Fred) recuerdo que una vez estaba caminando por el pasillo de un hotel hacia la máquina de hielo. Encima de la máquina había una revista *Playboy.* Creyendo que tenía el derecho de decidir mi comportamiento, me hice esta pregunta: ¿Debo ver esta *Playboy* o no?

En el momento en que hice la pregunta, me expuse a recibir consejo. Comencé a discutir los puntos a favor y en contra conmigo mismo. Peor aun, me expuse al consejo de Satanás. Quería que lo escuchara en este asunto.

Comenzó a engatusarme y a mentir, manteniendo mi mente enfocada en la conversación de modo que ni siquiera noté que mi cuerpo resbalaba por la pendiente de la lujuria. Para cuando terminó, la única respuesta que quería escuchar era: «Sí, puedes verla. Solo asegúrate de leer los artículos».

Ahí está el poder de la tentación. Puedes temer que la tentación será muy fuerte para ti en esta batalla, pero en verdad las tentaciones no tienen poder en lo absoluto sin tus propias preguntas arrogantes.

Ponte en mi lugar. Te sientas en el fondo de la biblioteca y en la silla está el último ejemplar de la revista Playboy. Este es el momento en que tu versículo de escudo, las palabras de 1 Corintios 6, te debe venir a la mente:

> Yo no tengo derecho aun a considerar verlo. No tengo la autoridad.

Esa convicción no deja lugar para que los puntos a favor o en contra entren de manera engañosa a tu mente. Y en el caso de Satanás, como que no hiciste ninguna pregunta, no ocurre ninguna conversación con él; una conversación en la que él podría tratar de hacer que cambies de opinión.

Para la mente al igual que los ojos

Tu espada y tu escudo te ayudarán a fortalecerte, no solo en controlar tus ojos, sino también en establecer un perímetro de defensa con tu mente (el cual exploraremos en detalles un poco más adelante).

He aquí un ejemplo. Te ocupas de tus propios asuntos mientras haces tu tarea de la escuela. Entonces entra en Internet para hacer alguna investigación. Decides consultar tu correo electrónico. Es aparente que has recibido un correo de un sitio pornográfico. ¿Cuál es tu reacción? Nota la gran diferencia en perspectiva entre las siguientes dos posibles respuestas:

1. ¿Debo abrir este correo ahora mismo?
2. Ni siquiera tengo el *derecho* a hacer tal *pregunta* porque no tengo la *autoridad* de tomar esa decisión.

La primera respuesta implica que tienes la autoridad y el derecho de tomar la decisión. La segunda implica que la pregunta misma no es importante. No solo *no la* considerarías, sino que *no puedes* considerarla. No eres tuyo. No tienes el derecho.

A esta segunda respuesta la llamamos «viviendo dentro de nuestros derechos». Si siempre nos sometemos y vivimos dentro de nuestros derechos, las leyes de Dios de sembrar y cosechar nos protegerán. Una vez que vamos más allá de nuestros derechos, las leyes de sembrar y cosechar obran en contra de nosotros. Estamos en un motín, después de robar la autoridad de nuestro Capitán. Haz eso y te encuentras de nuevo al alcance de Satanás.

Derrick estaba confundido en cuanto a sus derechos. «Mi novia, Janice, y yo tuvimos una gran pelea el otro día», dijo él. «Estábamos paseando y yo vi unas chicas muy sensuales, e hice un pequeño y bajo silbido. Ella se enojó y dijo que no debía estar mirando a otras mujeres. Bueno, yo creo que no es malo ver como son. Seguro, amo a Janice y tengo planes de salir con ella por largo tiempo. No voy a acostarme con ellas ni nada por el estilo, pero como mi papá siempre dice: "Solamente porque no puedo ordenar no significa que no puedo ver el menú"».

Nuestra respuesta: En primer lugar, no creemos que ningún hombre tiene el derecho bíblico de ver como nadie es de manera lujuriosa. No obstante, si una novia dice que está molesta por ello, sin duda desaparecen todos los derechos. Eso es poco cariñoso. Derrick fue más allá de sus derechos cuando pensó que podía mirar a otras mujeres como un epicúreo viendo el menú de un buen restaurante. Se expuso al consejo confuso de Satanás. He aquí lo que quizá le susurró el Engañador:

1. «Dios las hizo bellas a propósito. Desde luego que debes ver. ¡Él deseó que eso fuera para ti!»
2. «No le hará daño a nadie… tú solo estás mirando».
3. «La vida es insoportable si vas a vivir por esas normas tan estrictas. De ninguna manera Dios pudo desear eso para ti. Sigue adelante y mira. Él te ama y desea que vivas una vida en abundancia».
4. «¿Y qué si tu novia se molesta cuando miras a otras mujeres? Es una inmadura. La del problema es ella, no tú».

Al apartarse de sus derechos, con su escudo bajo, Derrick asentía a las cuatro declaraciones.

Sin embargo, eso no tenía que suceder. Protégete del poder de la tentación al someterte a la definición de Dios de tus derechos.

He aquí lo que puedes esperar

Muy bien, hiciste un pacto con tus ojos de no alimentarlos y entrenarlos para que reboten. Quizá definiste tus puntos débiles, creando una defensa específica para cada uno, y tomaste tu espada y tu escudo. ¿Qué puedes esperar que ocurra en las próximas semanas o meses? He aquí un poco de la escala de tiempo que se desarrolló para mí (Fred) a medida que se levantaron mis perímetros de defensa:

- *Resultados a corto plazo*: Las primeras dos semanas fueron en su mayor parte un fracaso tras otro para mí. Mis ojos sencillamente no obedecían para rebotar en dirección opuesta a las situaciones sexuales. Mis escudos de las mentiras de Satanás eran débiles, pero yo continuaba moviéndome adelante en fe, sabiendo que Dios estaba conmigo.

Durante la tercera y cuarta semana, se despertó la esperanza cuando comencé a ganar tan a menudo como perdía. No puedo enfatizar lo suficiente lo dramático y sorprendente que fue para mí este cambio. A decir verdad, las bendiciones y las dádivas de Dios van más allá de lo que podemos pedir o pensar porque cuando sembramos justicia, solo la mente de Dios puede concebir las bendiciones que cosecharemos. Por ejemplo, no podía creer hasta qué punto ahora vivía para satisfacer a Brenda. Y no podía creer cuánta intimidad comencé a sentir con el Señor. El velo entre nosotros se estaba desintegrando.

Durante la quinta y la sexta semana, mis ojos encontraron una solidez en el rebote hacia la dirección opuesta a lo sensual. Se levantó la opresión espiritual y desapareció el velo de separación de Dios. Aunque todavía no era perfecto, el resto era cuesta abajo.

No te hace falta mucho tiempo para que puedas levantar el perímetro de defensa de tus ojos. Si en verdad deseas hacerlo, verás que el avance ocurrirá con rapidez. Más de una vez, los hombres me han dicho: «Fred, ¡esto es asombroso, pero sucedió exactamente como usted dijo! Más o menos alrededor de la sexta semana, ¡todo cayó en su lugar!». Aun así, seis semanas no es una fórmula exacta. Es probable que tome más o menos tiempo, dependiendo de sus fortalezas y su compromiso a la tarea por hacer.

- *Resultados a largo plazo:* A medida que continúas viviendo en pureza, el círculo de protección de la tentación se vuelve cada vez más grueso a tu alrededor. Si eres diligente, se vuelve un tiro mucho más largo para Satanás arrojar granadas de tentación a tu aposento.

¿Tienes todavía que controlar tus ojos a largo plazo? Sí, porque la tendencia natural de tus ojos es pecar y, si no tienes cuidado, regresarás a tus malos hábitos. Aun así, con un mínimo esfuerzo harás que los buenos hábitos sean permanentes. (Desde un punto de vista práctico, si vives en una región con cuatro estaciones, descubrirás que a fines de la primavera y a principios del verano es bueno aplicar una nueva dosis de diligencia ya que las temperaturas más cálidas les permiten a las mujeres usar menos ropa. Planea aumentar tus defensas durante esos tiempos.)

Después de más o menos un año, aunque quizá tome más tiempo, van a cesar la mayoría de las grandes batallas. El rebote de tus ojos se arraigará de manera profunda. Es difícil que tu cerebro, ahora vigilándose estrictamente, falle después que se ha dado por vencido desde mucho antes a la posibilidad de regresar a los viejos tiempos de placer eufórico en la pornografía.

¿Estamos locos?

Analizando los detalles de nuestro plan, aun tenemos que admitir que suena un poco loco. Defensas, trucos mentales, rebote de los ojos, renuncia a los derechos. ¡Hombre! Nos preguntamos si hasta Job estaría un poco sorprendido.

Por otra parte, quizá debemos esperar que un plan sólido luzca de esa forma. Piensa en todos los hombres que tienen el llamado a la pureza y, sin embargo, muy pocos saben cómo cumplirlo. ¿Cuántos de los chicos en tu grupo de jóvenes son sexualmente puros? Cierto, eso es lo que pensábamos.

¿Cuál es el punto final? Nos hicieron falta todos nuestros recursos y creatividad para destruir los viejos hábitos y obtener cada centímetro de libertad en Cristo a fin de caminar libre del pecado. Esos hábitos nos poseyeron durante años, tomando cualquier mujer que deseábamos con nuestros ojos, cada vez que lo deseábamos.

De acuerdo a Jesús, vale la pena morir por la libertad del pecado. De acuerdo a nosotros, ¡también vale la pena vivir por ello!

capítulo 16

¿Qué te puede retrasar?

¿Avanzarás por la misma línea del tiempo hacia el éxito que describimos en el capítulo anterior? En algunas formas sí, pero en otras maneras significativas no. Por ejemplo, hará falta un par de semanas para aprender a rebotar los ojos, y después varias semanas más para solidificar el nuevo y buen hábito. Aun así, hay otra consideración que los solteros tienen que tener en mente.

Cuando tomé la decisión de una vez por todas con mis ojos, estaba casado. No tuve que dejar las relaciones sexuales de una vez por todas de manera simultánea. Después de eliminar esas euforias de placer adictivas a través de mis ojos, mi esposa podía servir como una forma de metadona mientras me ajustaba a mi nueva vida de pureza.

Tú no tienes esa opción, así que la batalla va a ser más dura, sobre todo si vas a eliminar de una vez por todas las relaciones sexuales con tu novia o las falsas relaciones sexuales del sexo oral y la masturbación.

Eric es un estudiante universitario con un negocio de Internet que hace desde su apartamento. La historia de Eric dibuja la imagen con mucha claridad:

> La pornografía deja un gran vacío, pero no puedo alejarme de ella cuando estoy solo en mi apartamento. He tratado de rebotar mis ojos, pero eso es lo más que puedo hacer. Lo que sucede después es que no me puedo concentrar en mi trabajo. No soy capaz de hacer nada

porque la relación sexual inunda sin cesar mis preocupaciones y mis pensamientos.

¿Qué sucede aquí? La mejor forma de describir lo que ocurre es compararlo al síndrome de abstinencia. El cuerpo de Eric estaba acostumbrado a recibir las euforias químicas de las «drogas visuales» que recibía de la pornografía. Esto no es raro. Muchos de nosotros hemos tenido experiencias similares fuera del campo sexual. Richard me dijo: «No parece que ustedes toman mucho Dr. Pepper en Iowa, pero de donde vengo en Texas, Dr. Pepper es *el* refresco preferido. Todo el mundo toma Dr. Pepper, y yo me tomaba uno de desayuno, almuerzo y cena, y entre las comidas. Si pasaba mucho tiempo sin un Dr. Pepper, me sentía de muy mal humor. Mi cuerpo demandaba uno».

Yo (Steve) me volví muy adicto una vez a la euforia del azúcar de las galletas dulces, y cuando traté de eliminarlas, ¡me causó dolores de cabeza! Pasarme una tarde sin galletas dulces afectaba incluso mi trabajo. Vemos lo mismo con la cafeína, el alcohol y otras drogas. Un aspecto de esto es lo que ocurre cuando detienes la sexualidad de la noche a la mañana.

Sin embargo, es más que eso si te masturbas constantemente. Un orgasmo libera un raudal de sustancias químicas, llamadas endorfinas, a tu torrente sanguíneo que te hacen «sentir bien», y ese hecho le da una euforia mayor que cualquier cosa que viene a través de tus ojos. Tu cuerpo desea sentir eso de nuevo, y es por eso que algunos chicos se masturban tres, cuatro y hasta cinco veces al día, aunque esto va más allá de las demandas de cualquier impulso sexual normal.

Si estás teniendo orgasmos con regularidad a través de la masturbación, la relación sexual oral, la masturbación mutua, o lo que sea, y si estás viviendo en un estado constante de estímulos sexuales visuales, la cima de tu impulso sexual se ha elevado a una altura donde está inundando todo el dique y la ribera que Dios ha puesto en tu camino. En otras palabras, estás fuera de control. Tienes una inundación en tus manos, y esa inundación tiene que regresar a sus orillas. Eso significa que tu impulso sexual se tiene que «secar» a sus niveles normales a medida que una «sequía» de imágenes y orgasmos tiene su efecto natural. Eso tomará tiempo; es probable que más de tres semanas.

El enfrentamiento con fuertes deseos sexuales

¿Qué más se puede hacer con la presión sexual del síndrome de la abstinencia que hace sentir que tu cabeza parezca a punto de estallar? Esperamos que las emisiones nocturnas comiencen pronto a fin de que aminoren el deseo mientras el río se seca. Aunque eso no siempre sucede enseguida. Escucha esta historia de Marc:

> Terminé de leer *La batalla de cada hombre* y comencé a rebotar mis ojos. Tuve éxito por alrededor de una semana y entonces caí en la tentación cuando los deseos sexuales se hicieron más fuertes. He estado tan acostumbrado a enfocarme en las chicas atractivas que este fue para mí un hábito más difícil de romper de lo que pensaba. Además, me he estado masturbando bastante. *La batalla de cada hombre* se escribió para hombres casados, así que supuse que el lector tenía una esposa como alivio cuando los deseos sexuales eran muy fuertes. Pensé que los hombres casados deben obtener ese alivio al menos una vez a la semana. Sin embargo, usted también mencionó que la persona soltera tiene emisiones nocturnas para aliviar la tensión sexual. No recuerdo la última vez que tuve una emisión nocturna. ¿Cómo me voy a abstener de la masturbación sin estas?

El problema de Marc es sencillo. No lo ha sobrepasado todavía. Necesita ser persistente y tener paciencia. Con respecto a lo que dice Marc de que no ha tenido emisiones nocturnas, vamos a hablar acerca de eso. Las emisiones nocturnas están ahí para liberar una acumulación de esperma en los bancos de esperma. A pesar de todo, quizá esos bancos nunca se llenen porque se «utilizan demasiado». Algunos chicos nunca han tenido una emisión nocturna sencillamente porque su constante masturbación y promiscuidad no permite que esos bancos se llenen y demanden una emisión.

Tal vez tú nunca has tenido una por la misma razón, y te preguntas si en verdad te ayudarán. Es probable que tome algo de tiempo para que tu cuerpo se ajuste a esta nueva situación. Además, las emisiones nocturnas no son en realidad una ciencia y no funcionan las veinticuatro horas del día, así que no se puede esperar que ocurran con exactitud cada tercer día. Están ahí para aliviar las presiones sexuales que resultan de la «producción de esperma», no la presión sexual que proviene de la impureza. Esto significa que puede tomar algún tiempo para que se establezca un balance.

En este punto, yo (Fred) tengo una gran historia para ti de un lector joven de *La batalla de cada hombre*, a quien he llegado a apreciar a través de una serie de comunicaciones del correo electrónico. Creo que tú también lo apreciarás. Su nombre es David:

> Toda mi vida he ido a la iglesia y he vivido en un hogar cristiano donde mi papá es diácono y mi mamá toca el piano para el coro. Aun así, tenía algunos problemas con los que lidiar a los diecisiete años de edad. Tales como pornografía, pornografía, pornografía. Grupos de conversaciones promiscuas por Internet. Vídeos. Todo lo que se pueda imaginar. Me tomó un tiempo ser sincero con mi pastor de jóvenes, pero somos muy amigos, así que al final se lo dije y lo discutimos. He estado tratando de hacer diferentes cosas a fin de sobrepasarlo antes de leer su libro.
>
> Descubrí que la lectura de *La batalla de cada hombre* fue muy entretenida, y aprendí todas las técnicas de rebotar los ojos y tomar los pensamientos cautivos. He estado batallando con pensamientos sucios fortuitos y

> miradas a mis amigas cercanas, y el libro fue de mucha ayuda. ¡Me siento tan liberado!
>
> A pesar de eso, tengo algunos comentarios. No soy casado, ¿significa eso que se supone que debo esperar por las emisiones nocturnas? Sin embargo, en los tres o cuatro años desde la pubertad, *nunca* he tenido una. Ni una sola vez. Nunca, nunca, nunca. Y no fue porque nunca pasé más de setenta y dos horas sin un alivio. A veces, con anterioridad, he hecho apuestas con amigos para ver quién puede «durar más» sin alivio, y he alcanzado muchos, pero muchos períodos de setenta y dos horas uno tras otro.
>
> Sé que *La batalla de cada hombre* se escribió desde la perspectiva de hombres casados, pero ustedes nos dejaron a nosotros los solteros en el aire. Discúlpeme, ¡pero decirle a un hombre que debe ir a su esposa con gran placer y luego decirle al hombre soltero que espere por una emisión nocturna es una locura!
>
> Así que llegamos al asunto de la masturbación. Ahora mismo, han pasado mucho más de setenta y dos horas y me siento frustrado… si es que sabe lo que quiero decir. Como estoy «deficiente en emisiones», ¡me estoy volviendo loco!

Le escribí a David y comenzamos un diálogo. Entonces escuché esto de él:

> Han pasado un buen número de días desde que me masturbé la última vez, y no sé por qué, ¡PERO FUE UNA MALA EXPERIENCIA! Siempre pensé que no era cierto lo del «dolor de los testículos», ¡pero realmente me dolían! No sé por qué. Me he pasado semanas sin hacerlo antes en apuestas, y solo habían pasado un par de días. Estaba muy confuso. Como le estoy diciendo, ¡fue una mala experiencia!

> Bueno, después de un par de días más tome de nuevo las cosas por mis propias manos, literalmente. Lo hice temprano ese día. Le digo esto porque quiero que sepa que cuando me acosté esa noche, en verdad aún no estaba pensando en la relación sexual.
>
> Así que esa noche, ¿adivine lo que pasó? Sí, tuve una emisión nocturna. La primera vez en mi vida que me ocurría. Creo que Dios me estaba diciendo: «Ja, ja», o algo así, quizá insinuando que si me hubiera esperado, Él se hubiera ocupado de ello por mí. ¡Él debe tener un buen sentido del humor!

¿Qué podemos decir? A medida que te mueves hacia la pureza, se debe comenzar a balancear de nuevo la parte física de tu sexualidad, y tenemos confianza que se pondrá en línea con el propósito natural de Dios. Puede tomar algún tiempo para que el proceso físico se lleve a cabo y el impulso sexual se vuelva controlable, pero debe ocurrir.

El enfrentamiento con el «desfase mental»

¿Qué más puede retrasar tu línea del tiempo hacia la victoria? Puede tomar algún tiempo para que tus procesos mentales surtan efecto. Es como el desfase después de un largo viaje en avión, pero en la mente pura. Recuerda, es probable que tú hayas estado usando la falsa intimidad de la masturbación para reemplazar la intimidad real que no tenías en tu familia o en la escuela. Eso no cambia de la noche a la mañana, así que al principio quizá sucedan una serie de falsos comienzos.

Tú tampoco desarrollas una intimidad con Dios de la noche a la mañana. Eso tomará algún tiempo. Tampoco desarrollarás intimidad con nuevos amigos o compañeros de rendición de cuentas de la noche a la mañana. Como que esa necesidad de intimidad es muy real, debes ser diligente en encontrar amigos para cubrir esa necesidad. Eric dijo:

> Aun si *pudiera* pasar más de tres semanas rebotando mis ojos y manteniéndome alejado de la Internet, ¿me

pregunto si todavía habría un vacío que me arrastre hacia abajo? Tal parece que necesito llenar un vacío en mi vida que ahora ocupa la pornografía. ¿Puedo en verdad esperar que desaparezcan de repente mis necesidades válidas de tener compañía?

Por una parte, podemos decir que no. Por otra parte, te animamos a que seas tan diligente en desarrollar amistades y encontrar compañía como lo necesitas en cuanto a rebotar tus ojos. Este es un componente crítico en tu batalla por la pureza sexual. Sin él, la lucha será despiadada.

El cultivo de una disciplina saludable

Otra razón por la que el proceso se puede retrasar es que puede tomar algún tiempo para que se despierte tu compromiso y tu disciplina hacia este proceso de la pureza. Nuestra sociedad no glorifica mucho la disciplina, sobre todo en la escuela secundaria. Esto significa que puedes demorar para aprender un estilo de vida disciplinado.

El apóstol Pablo dice que debemos ser como atletas olímpicos, esforzando nuestro cuerpo y corriendo como si fuera para ganar. Muchos de nosotros no hemos disciplinado el cuerpo hasta ese extremo, y de seguro no en el campo sexual. Aun así, la verdad está clara. Debemos crucificar la carne. Parte de ese proceso es aprender a no ponerte en las mismas situaciones que antes te llevaron al pecado.

Por ejemplo, un alcohólico no debe pasar su tiempo en un bar deportivo los viernes por la noche a fin de ver un juego por televisión. Asimismo, alquilar *Tu Primera vez*, o disfrutar la sensualidad visual de Lara Croft en *Invasores de tumbas*, nos arrastra en dirección opuesta a lo mejor que Dios tiene para nosotros, aunque quizá no lo notemos superficialmente. Es más, estamos sorprendidos de cuántos hombres jóvenes pueden ver películas provocativas y pensar que esas cosas sexuales no los afectan.

¿Viste a Tom Hanks en *Forrest Gump*? Si es así, es probable que recuerdes la escena al principio donde Sally Field tiene relaciones sexuales con el director para que su niño pudiera asistir a la escuela «buena». Recordarás los senos desnudos en la fiesta de Año Nuevo y la actuación desnuda con guitarra en el escenario. Nunca olvidarás cómo la novia de Forrest le dejaba tocar sus senos, lo cual produjo un orgasmo. O la vez que ella se subió encima de él en la cama, lo cual la llevó a tener un niño fuera del matrimonio.

Cuando ves este tipo de cosas, provoca que tu mente corra en todas direcciones. Por la noche en la cama, te preguntas qué sentirías si tocaras los senos de ella como lo hizo Forrest. Fantaseas con tu novia que te hace gruñir y jadear como Sally Field lo hizo con el director. Al final, te masturbas solo para hacer que se vayan todos los pensamientos.

Algunos quizá piensen que poner objeciones a *Forrest Gump* es una intromisión de poca importancia y legalista. No obstante, esas tenues influencias, añadidas a cientos de otras a través del tiempo, proporcionan más que un indicio de inmoralidad sexual en nuestra vida. Pronto, el efecto ya no es tan tenue porque aumenta ese falso impulso sexual a una baja fiebre sexual permanente que no es divertido en lo absoluto lidiar con ella. Al poco tiempo, tu conciencia se apaga hasta que ya no eres capaz de discernir lo que es bueno o malo. Ves películas como estas sin siquiera darte cuenta de la sexualidad. De todos modos, sin embargo, está allí aumentando tus deseos.

Mientras hablamos sobre la disciplina, vayamos más allá de la preocupación por nuestros ojos. Debemos preocuparnos también por dónde nos ponemos en otras situaciones. Por ejemplo, Tim nos dijo que nunca toma una ducha sin escuchar música cristiana al mismo tiempo. De otra forma, el agua caliente de la ducha tienta una fantasía. Mike nos dijo que decide hacer su tarea todas las noches en la sala, aunque estudia mejor en la tranquilidad de su cuarto. «No quiero pasar mucho tiempo solo donde mis pensamientos y mis ojos pueden volverse locos», dijo. Dave nos dijo que él y su novia tienen por norma no quedarse solos en ninguna de las dos casas si no están sus padres. Y Josh nos dijo: «Besarse no está mal, pero cuando una chica decide besarme en la primera cita, se me hace difícil creer que a ella le importa mucho su pureza. Eso es peligroso porque si no le importa mucho la de ella, no le va a importar mucho la mía. Así que tengo una regla de no salir con esa chica por segunda vez».

Esos hombres jóvenes son inteligentes. Para ser atrevido aquí, es obvio que si quieres retener el control, no sería inteligente acostarte en tu cama sin ninguna ropa puesta. Limita los tiempos en que estás solo y en una situación altamente excitante. Haz cosas con amigos de ambos sexos. Sal en grupos. Limita hasta qué punto tocas *y* hasta qué punto besas. Cualesquiera que sean tus defensas, establece tus reglas y entonces sé disciplinado.

Camina en la verdad.

capítulo 17

Mantente enfocado en la meta

¿Qué sucede si no ganas esta batalla en seis semanas? No sabemos, pero en cierta forma, no estamos seguros de qué tanto importa eso. Sin duda, ansías ganar. De seguro, deseas dejar estas cosas atrás. Sin embargo, no es tan importante que te enfoques en algún tiempo límite que te establezcas, sino en *enfocarte en hacia dónde te diriges.* Esto va a ser una batalla; una batalla que demandará tu paciencia y tu tiempo.

¿Cuál debe ser nuestro enfoque? En verdad, hay dos puntos principales de enfoque: (1) acercarnos más a Dios y (2) integrar nuestra sexualidad en nuestra vida cristiana. Analicemos más estos aspectos antes de que Steve discuta algunas ideas acerca de comenzar con menos mientras nos movemos hacia ninguna.

Acercarnos más a Dios

Es muy importante recordar que Dios una vez vio a su Hijo unigénito en Getsemaní cuando luchaba por someterse a la batalla más grande de su vida. La sumisión de Jesús era preciosa para el Padre. Ahora este mismo Padre te mira desde el cielo a ti, su hijo adoptivo, mientras que tú luchas por someterte en *tu* batalla por la pureza sexual. Sin duda, Él desea la victoria, pero no solo ve las batallas ganadas o perdidas. Ve el corazón. El hecho mismo de que has entrado al combate es precioso para Él. Desde la fundación del mundo, ha deseado que clames por su nombre y trates de alcanzar su corazón. ¡Él está entusiasmado!

Como el padre en la historia del hijo pródigo, tu Padre celestial se emociona con solo verte en la cima de la colina caminando hacia Él. Si tropiezas un poco mientras llegas a casa, eso no cambiará el hecho de que Él espere con ansias a que tú llegues. Solo levántate y comienza a caminar de nuevo. Rechaza el desánimo y cae en sus brazos.

Después de todo, la victoria es más que detener la masturbación. Es comenzar a experimentar a Dios en esos momentos que se hubieran dedicado a la sexualidad. Es encontrar a Dios y su ayuda en medio de cada lucha y aun de cada fracaso. No es tanto acerca de extinguir la masturbación como de encender una nueva pasión por Dios, con la sexualidad integrada a tu vida de una manera balanceada.

En lugar de decir que sí a la masturbación, di que sí a la intimidad con Dios. Sustituye los momentos que te dejaban con remordimiento y vergüenza con momentos de satisfacción y devoción a Él. En lugar de decir que no a ver las partes del cuerpo de una mujer, di que sí a conocer los increíbles seres humanos que Dios escondió detrás de esas fantásticas partes del cuerpo. Cuando dices que sí a esta clase de vida y actitud, haces más que sustituir el alivio momentáneo que trae la masturbación.

Integra tu sexualidad

Una de las tareas más difíciles que jamás tendrás es la integración de la persona sexual que eres con la persona emocional, espiritual, social y relacional que puedes ser y que serás. *No veas tu sexualidad como algo vergonzoso separado y distinto del resto de ti.* En lugar de eso, desarrolla cada ventaja posible a fin de que logres ganar la batalla por la integridad sexual. En 1 Pedro 5:8 se nos advierte: «Practiquen el dominio propio y manténganse alerta. Su enemigo el diablo ronda como un león rugiente, buscando a quien devorar».

Sin defensas y sin entendimiento, eres una presa fácil para este león rugiente del diablo que no quiere nada más que atraparte sexualmente y destruir tu vida. Sin embargo, leyendo este libro, aplicando los principios y acercándote a hablar con Dios y con otros, el enemigo no puede ganar, aun si tropiezas de vez en cuando. Tus defensas te mantienen a la raya.

Permite que estos versículos de la Escritura te alienten:

> [Él] no nos trata conforme a nuestros pecados ni nos paga según nuestras maldades. Tan grande es su amor por los que le temen como alto es el cielo sobre la tierra [...] Tan compasivo es el SEÑOR con los que le temen como lo es un padre con sus hijos. *Él conoce nuestra condición; sabe que somos de barro.* (Salmo 103:10-11,13-14)

La última línea es la mayor fuente de aliento. ¡Dios sabe de lo que estamos hechos y nada le sorprende! Sabía acerca de los «dolores de testículos» mucho antes de que nadie lo dijera, y también sabía que la lucha por la pureza sería a veces dominante.

No te preocupes si la victoria total no llega para el próximo martes. Regocíjate en lo que *sí* tienes. ¿Recuerdas la historia de Dave? Él no pudo escapar de la masturbación enseguida, pero los pensamientos sucios fortuitos y las miradas a las amigas desaparecieron a medida que practicaba el rebote de los ojos. Su impulso sexual comenzó a secarse. ¿Recuerdas lo que dijo? «¡Me siento tan liberado!» ¡Él se regocijaba! Y también Dios.

De ese mismo modo debes estar tú. Sal adelante. Agarra el territorio sexual e intégralo. Regocíjate con el Señor por las victorias. Proclama su poder. Cuando pierdas, no bajes con vergüenza la cabeza. Levántate, ora e inténtalo de nuevo. Nunca te des por vencido. Con cada victoria, tu aspecto espiritual, emocional y físico se alineará aun más.

Al final, la victoria total será tuya.

Moverse hacia ninguna

Para mí (Steve) la parte más difícil de este libro es proporcionarte una norma que no cause una vergüenza innecesaria, sino que en su lugar te guíe hacia una vida de relaciones significativas y que establezca una base para que tu sexualidad esté del todo integrada a tu relación matrimonial.

Todo el mundo puede rebotar los ojos enseguida. Todo el mundo puede aprender a tomar los pensamientos cautivos. ¿Pero detener la masturbación? Es probable que esto tome o no algún tiempo.

¿Estoy recomendando dos normas? No. La norma es no masturbarse. Aun así, solo porque quizá fracases todavía por un largo tiempo no significa que no debe ser la norma a alcanzar. Créenos, esa norma es alcanzable. Lo digo a sabiendas que en verdad no la alcancé, pero eso se debió a que nunca ni siquiera lo *intenté*. Ni siquiera sabía que la eliminación de la masturbación era una norma razonable. No obstante, sí lo es y muchos la pueden alcanzar.

En realidad, explorar el problema de la masturbación me ha revelado varias sorpresas extrañas. Un amigo mío me dijo que él nunca se había masturbado hasta *después* de estar casado. ¡Imagínate eso! Disfrutó veinte años de celibato después de la pubertad sin masturbarse, pero entonces cayó en ello *después* de casarse. Ahora ha detenido esa práctica, al igual que muchos otros hombres.

Si en verdad deseas preparar tu corazón para tu futura esposa, pon la masturbación en el altar y sacrifícala para ella. Si no estás convencido que es lo correcto, trata de no masturbarte por tres meses. Analiza si tu relación con las mujeres no es mejor y si tus sentimientos hacia ti mismo no son mejores. Sabemos que sí lo serán.

La verdad es la verdad, así que no hay dos normas. A pesar de esto, también puede haber más de una manera de llegar allí. Es posible que algunos de ustedes alcancen la victoria sobre la masturbación enseguida. Sin embargo, algunos quizá no lleguen a «ninguna» antes de alcanzar la norma de menos masturbación de lo que están practicando ahora. La norma de menos puede ayudarlos a poner el hábito bajo control hasta que la verdadera norma de ninguna se vuelva alcanzable.

Espera un momento. Sé que tú quizá no pienses que es el mejor enfoque (ya que antes recomendé «dejarla de una vez por todas»), pero permíteme usar un ejemplo sobre el diezmo para ilustrar.

En mis años anteriores, era muy irresponsable con las finanzas y estaba muy endeudado. Mi padre me había enseñado a diezmar, pero no me había enseñado a manejar el dinero. Así que cada vez que llegaba el cheque de mi sueldo, hacía un cheque a la iglesia por el diez por ciento. Sin embargo, no lo ponía en el plato de las ofrendas porque si lo hacía no podía pagar mis deudas. Estaba tan hundido en deudas que todo lo que veía era oscuridad.

Todos los meses escribía ese cheque y lo mantenía en la chequera, con la completa seguridad de que lo pondría en las ofrendas tan pronto Dios hiciera un milagro. Eso nunca sucedió, así que después que acumulaba varios cheques, los rompía todos, me sentía horrible por haberlo hecho y comenzaba de nuevo con la practica de pretender diezmar, *pero nunca dándole nada* a la iglesia.

Creo firmemente que la norma de dar es un diezmo de diez por ciento. Sin embargo, mucha gente dice que el diezmo era una norma del Antiguo Testamento, y que estamos libres de él. Aun si eso fuera cierto, tiene sentido para mí que la décima parte no es mucho que sacrificar si creemos que Dios nos ha dado todo lo que tenemos. De modo que yo sabía cual era la norma, pero estaba en una situación que me impedía alcanzarla jamás.

Así que esto fue lo que hice. Decidí que no podía dar el diez por ciento, pero podía dar el uno por ciento. Comencé a dar el uno por ciento a la iglesia de Dios, y me sentía estupendo. Ahora yo ofrendaba.

Algunos quizá critiquen una fe tan débil que solo podía dar el uno por ciento. Algunos hasta quizá piensen que si mi fe hubiera sido más fuerte hubiera podido dar el diez por ciento desde el principio. Sin embargo, la realidad era que no tenía ni la fe ni el deseo de dar ni siquiera uno de esos cheques por el diez por ciento, pero lo hacía cuando escribía un cheque por el uno por ciento. ¿Cuál fue el resultado? No había llegado hasta aquí todavía, pero iba en dirección a lo mejor de Dios. Le pedí a Dios que me ayudara a encontrar la manera de doblar mi uno por ciento, y después de poco tiempo estaba dando el dos por ciento.

Se puso cada vez mejor. El dos por ciento se volvió el cuatro por ciento mientras yo continuaba doblando mis dádivas a Dios. Y no pasó mucho tiempo cuando el cuatro por ciento se volvió el ocho por ciento, ¡y después estaba *excediendo* el diez por ciento!

Ahora, te aclararé algo. No me estaba comprometiendo sencillamente a dar el uno por ciento la primera vez que puse uno de esos cheques en la ofrenda. No, me había comprometido a dar el uno por ciento *por el resto de mi vida.* Cada nuevo nivel se volvió un nuevo compromiso para siempre. No te puedo decir qué regocijo fue para mí devolver lo que se me había dado. Hoy en día, me encanta dar. Gano dinero para dar. Espero con ansias escribir un cheque lo más grande posible cada vez que puedo, pero no creo que hubiera llegado allí si no hubiera comenzado en alguna parte.

Creo que el mismo principio se ajusta a la masturbación. Si la idea de nunca masturbarse de nuevo te produce tanta inquietud que te sientes obligado a hacerlo aunque sea solo para probar que todavía es una opción, no te digas que nunca lo puedes hacer de nuevo. Serás igual que yo, rompiendo esos cheques.

Si eres uno de esos que tienen el hábito tan profundamente arraigado en su vida que dependen de él, comienza con una norma del uno por ciento de hacerlo menos a menudo. Comprométete a hacerlo con menos frecuencia. Comprométete a poner menos material en tu mente que te lleve hacia ese camino.

Compromete tus ojos a la pureza a fin de que tu mente y tu cuerpo lo puedan alcanzar. Después que hayas hecho esto, define que solo por hoy le dirás que no a la masturbación. Si es mucho comprometerse a todo un día, hazlo por medio día. Comprométete a no coleccionar en tu mente las imágenes que alimentan tu impulso sexual y te llevan a masturbarte.

Después analiza cuántos de esos medios días y días completos puedes poner uno después de otro. Si solo es uno, desea hacerlo por dos días. Créeme, eso es posible. Después de esto, trata de ir de dos a cuatro días, y de cuatro días a ocho días, y después de ocho días a dieciséis días.

Una vez que tengas algo de ímpetu yendo en la buena dirección, notarás cuán mejor te sientes contigo mismo en esos días de victoria. Notarás que te sientes mucho más conectado a Dios y a otros. También notarás una diferencia muy radical en la forma que te sientes y verás que en realidad la vida que descubre se siente mejor que la que se siente masturbándote. Es en verdad una sensación que va a durar más tiempo. Es más, «menos» quizá se convierta en raras veces que alcanzas lo que creemos es la máxima norma de «ninguna». Y cuando eso ocurra, creemos que te gustará la norma y te sentirás mucho más a gusto contigo mismo y con las mujeres.

Una vez más, si no crees que puedas dejar de masturbarte por el resto de tu vida, decide pasarte un día sin masturbarte. Si ese día es todo lo que experimentas sin masturbarte, es mejor haber experimentado ese día. Aun así, no olvides que Dios te dará el poder de hacer lo que no puedes hacer por ti mismo. Efesios 5:2-3 establece la norma que Dios tiene para todos nosotros, solteros o casados, jóvenes o ancianos. Es muy difícil malinterpretar el mensaje de este pasaje:

> Y lleven una vida de amor, así como Cristo nos amó y se entregó por nosotros como ofrenda y sacrificio fragante para Dios [...]

> Entre ustedes ni siquiera debe mencionarse la inmoralidad sexual, ni ninguna clase de impureza o de avaricia, porque eso no es propio del pueblo santo de Dios.

El camino de Dios es en verdad claro. Limpia los indicios de inmoralidad sexual. Elimina las cosas que destruyen la pureza sexual. Satisfácete con Dios y con la relación sexual que Él ha planeado para ti en el futuro. Comprométete hoy a su norma y te sorprenderás de cuántos de esos días puedes poner uno después de otro a fin de crear una vida que honre a Dios.

capítulo 18

¿Qué ganarás?

Toda batalla en la vida es dura, pero con la victoria viene el botín. Así que, ¿cuál es el «botín» si construyeras ese perímetro alrededor de tus ojos? Bueno, te vas a sentir estupendo contigo mismo, con tu vida y con tu futuro.

Yo (Fred) recuerdo cuando la madre de Garrett tiró de mi suéter cuando la vi en la iglesia un domingo:

—Mi hijo acaba de leer *La batalla de cada hombre* —me dijo—. ¡Y está muy inspirado! Él ha cambiado también. Hace unas noches me llamó desde la universidad y me dijo: "Mamá, desde que dejé de mirar 'de arriba abajo' con mis ojos, mi amor por Tracy [su novia] ha aumentado tremendamente".

—Eso es excelente —le dije, mientras otras personas pasaban junto a nosotros en el vestíbulo de la iglesia.

—Y eso no es todo —continuó ella—. Garrett dice que como ya no se fija en otras mujeres de esa forma, también se ha vuelto más atento y más protector de Tracy. Ella leyó su libro y también le gustó.

Cuando escucho historias como esta, me gusta que sea directamente de la persona. Así que unos meses más tarde, invité a Garrett a mi casa para conversar…

La historia de una «llamada a despertar»

Garrett comenzó su historia diciendo que a él lo criaron en la iglesia, pero que ya en su último año de secundaria estaba tomando muchísimo, guardando una caja de cervezas en una nevera portátil que mantenía en el maletero de su coche. Él y sus amigos tomaban una cerveza antes de ir a la escuela, después se tomaban una al mediodía y seguían tomando después de la escuela. De acuerdo a Garrett: «Lo hicimos principalmente para ver qué tanto tiempo lo podíamos hacer antes de que nos atraparan».

Además de eso, fumaba muchísimo y se drogaba, pero las euforias que más le gustaban venían de las revistas y los vídeos pornográficos que escondía en su cuarto y en su coche. Por último, quiso ver la realidad en acción, así que a mediados de su último año de secundaria comenzó a frecuentar Big Earl's Gold Mine [La mina de oro de Earl el grande], un cabaret de mujeres desnudas en el nordeste de Des Moines.

Una noche Garrett andaba en una desenfrenada juerga pasando de la casa de un amigo a la casa de otro amigo. Mientras conducía por la carretera hacia el siguiente lugar, notó muchas luces y sirenas en la distancia. Se acercó para ver qué sucedía y descubrió que el cabaret de Big Earl estaba envuelto en llamas. Garrett miró asombrado la escena, fascinado mientras recordaba las noches en la Mina de Oro. Entonces un pensamiento perturbador le penetró entre los ojos: «Ese es mi pecado envuelto en llamas. Y ahí es hacia donde mi vida se dirige, directamente a las llamas».

Garrett no obedeció esta primera llamada a despertar, pero luego vino su arresto por ratero. ¿Qué se robó? Robitussin, una medicina para la tos.

—Es probable que usted no lo sepa, Fred, pero hay una sustancia química en una clase de Robitussin que lo endroga si toma lo suficiente.

—¿Pero por qué te lo robaste? No podía costar tanto —le contesté.

—Piense en ello —dijo y sonrió con ironía—. ¿Por qué un joven de dieciocho años de edad en perfecta salud entraría a una farmacia a comprar cuatro frascos de Robitussin en medio del verano? Pensamos que eso haría desconfiar al empleado, y temíamos que nos atraparan. Así que lo robamos, pero de todos modos nos atraparon.

Lo soltaron esa misma noche, pero él había escuchado esa segunda llamada a despertar. Las cosas no estaban yendo bien.

Es asombroso, pero estaba programado que él cantara en un coro de jóvenes a la mañana siguiente. Con sus ojos todavía fuera de foco por los efectos del Robitussin que se había tomado antes del intento de robo, cantó y cantó. Cuando los últimos acordes y notas se dejaron de escuchar, descubrió que estaba conmovido de emoción. Se arrodilló allí mismo y entregó de nuevo su corazón totalmente a Cristo. «Renuncié al pecado, incluyendo alejarme de la pornografía, y me entregué a Cristo ese día. Sin embargo, la tentación aún estaba ahí, y yo sentía que necesitaba protección. Decidí que mejor asistía a una universidad cristiana porque sabía que eso me mantendría fuera de problemas».

Como era un atleta bastante bueno, Garrett se metió de lleno en los deportes universitarios, haciendo amigos y ajustándose bastante bien a la vida universitaria. Pronto, comenzó a crecer profundamente en el Señor.

A Tracy la conoció a principios de su segundo año. «Tracy y yo comenzamos a acercarnos mucho, y me puse a pensar que era posible que eso terminara en matrimonio. A la misma vez, también comencé a pensar que en verdad podría encontrar alguien mejor que ella desde el punto de vista físico. En realidad, era atractiva, pero no era una sensación. Siempre había soñado con casarme con una verdadera belleza».

Le indiqué que continuara su historia.

«Bueno, yo estaba a punto de romper con ella cuando mi mamá me llamó y me habló de *La batalla de cada hombre*. ¡Tremendo! Había dejado la pornografía el día que canté en la iglesia… pero no el resto. Mis ojos recorrían de arriba abajo a cada chica que veía. Recordándolo, es probable que por eso Tracy no me pareciera tan bien.

»Sinceramente, nunca antes había protegido mis ojos y ni siquiera había pensado en ello. Veía las películas que quería y miraba por demasiado tiempo a las chicas en la escuela, pero en verdad pensaba que esas cosas no afectaban mi vida. Sin embargo, después que mi mamá leyó su libro y me habló sobre él, comencé a pensar.

»Leí *La batalla de cada hombre* y comencé a rebotar mis ojos. Es probable que adivine lo que ocurrió. Tracy me comenzó a lucir increíble. Incluso comencé a ofenderme cuando otros chicos la miraban, como un hermano mayor protegiendo a su hermanita. Sé que esto parece trivial, pero cuando dejé de codiciar a Tracy, en realidad comencé a ver más de lo que había en su corazón en lugar de lo que estaba por fuera y, por supuesto, me gustó lo que vi. Nunca más pensé en romper con ella».

Garrett no lo dijo, pero estaba obteniendo exactamente lo que podemos esperar cuando seguimos a Dios.

Una relación cambia

Antes, en este libro, discutimos cómo las mujeres se vuelven objetos sexuales cuando vemos pornografía o las codiciamos en nuestra mente. Aun ocurre con las novias. Está claro que Garrett veía a Tracy como un objeto y estaba dispuesto a cambiarla por otra más bonita.

Uno de los botines de esta victoria fue cómo Dios cambió la forma en que Garrett había hecho objetos de las mujeres. Cuando Dios lo hizo, la relación de Garrett con Tracy cambió, pero hay más.

«Cuando Tracy leyó *La batalla de cada hombre*, se quedó sorprendida», dijo Garrett. «No tenía idea de cómo funcionan los ojos de los hombres y se sorprendió al aprender lo que las chicas cristianas como ella le hacían a sus hermanos cristianos con las ropas que usaban.

»Ella se ha vuelto mi mejor ayuda. Cuando estamos juntos viendo televisión y aparece algo malo, ella cubre mis ojos y nos reímos juntos. También tiene mucho cuidado de no inclinarse frente a mí y cosas como esa. Es muy dulce y estamos más cercanos ahora. Como ve, nuestro andar espiritual es ahora un trabajo en equipo. Estoy comenzando por primera vez a comprender lo que expresa la Biblia cuando dice que dos personas se vuelven una sola carne en el matrimonio. Incluso, ella se lo dice a sus amigas cuando están usando escasa ropa. Es una gran evangelista en ese sentido».

Aunque yo mismo he vivido a través de esta clase de restauración, estuve cautivado por la historia de Garrett. Tenía que saber más, así que le pregunté: «¿Y qué de Dios? ¿Qué sucedió ahí?»

«¡Usted no lo podría creer!», exclamó. «Ya hacía un año y medio que estaba en estudios ministeriales, así que sabe que estaba leyendo mucho mi Biblia. También estaba orando mucho.

»Pero cuando comencé a rebotar los ojos, y la lujuria desapareció, fue como si la Biblia se abriera como un cielo azul ante mí después de una noche muy oscura. La práctica de rebotar mis ojos me ayudó de verdad a leer mejor mi Biblia.

»Y he notado algo interesante: Cuando leo mi Biblia menos y no me mantengo tan cerca de la Palabra, es más difícil rebotar los ojos. En realidad, van uno con el otro, y uno no se puede hacer muy bien sin el otro.

»Con respecto a mis tiempos de oración, ah, ¡qué bendición! Antes me llegaban pensamientos lujuriosos todo el tiempo mientras oraba. Sin embargo, ahora que mis ojos están protegidos, no ocurre eso, así que la oración se ha vuelto mucho más profunda y sin interrupción. Adorar a Dios también es mejor. Ahora me siento libre para expresar mi corazón a Dios. Antes, no tenía la libertad de expresar mi amor a Dios, quizá porque estaba demasiado enfrascado en pensamientos impuros y todo lo demás».

Nueva luz y claridad

Cuando yo (Fred) hice ese pacto con mis ojos, al poco tiempo sentí una nueva luz y claridad en mi alma. Mi pecado sexual me había dado una oscuridad tan profunda y asfixiante que cuando desapareció, la diferencia era tan real que podía prácticamente tocarla. Sentía que Dios me amaba y aprobaba.

Y eso te puede ocurrir a ti también. Tyler, un estudiante de primer año universitario, dice:

> No me gusta la masturbación. Cada vez que lo hacía, me sentía culpable por eso. Sin embargo, lo seguía haciendo porque se sentía bien. Tuve el problema por unos dos años, hasta que decidí firmemente que no lo haría más. No lo he hecho por alrededor de cinco años. Estoy muy agradecido de que Dios me liberara de esto. Amo a Dios con todo mi corazón y hago todo lo posible por demostrarlo a cada momento, aun de esta manera. He encontrado que no hay nada mejor que el amor que Dios nos da. Satisface todas mis necesidades.
>
> Algunos dicen que las normas de Dios no son justas, pero yo creo que sus normas son muy justas. Nos permiten tener relaciones piadosas con chicas, y entonces en algún momento de la vida uno se puede casar. ¿Qué injusticia hay en esto? Además, no debe importar realmente si son justas o no porque de las normas de Dios es de lo que estamos hablando aquí. ¡Dios es asombroso!

Bien dicho, Tyler. ¡Adelante, guerrero!

capítulo 19

Tu mente de potro

Como recordarás, no solo tenemos que proteger los ojos, sino que también necesitamos un perímetro de defensa alrededor de nuestra mente. Vas a encontrar que el perímetro de los ojos se levanta con mucho más rapidez que el perímetro de la mente. ¿Por qué?

En primer lugar, tu mente es mucho más astuta que tus ojos y más difícil de acorralar. En segundo lugar, no puedes en verdad reinar en la mente con eficacia hasta que el perímetro de defensa de los ojos esté en su lugar. Sabiendo esto, no debes desanimarte si tu mente responde con más lentitud que tus ojos.

Las buenas nuevas son que el perímetro de defensa de los ojos obra contigo para construir el perímetro de la mente. Esta necesita un objeto para su lujuria, así que cuando los ojos ven imágenes sexuales, la mente tiene suficiente con qué bailar. Sin esas imágenes, la mente tiene una tarjeta de baile vacía. Dejando de alimentar los ojos, dejas de alimentar la mente también.

Aunque esto solo no es suficiente, ya que la mente puede aún crear sus propios objetos de lujuria utilizando recuerdos de vídeos o generando fantasías acerca de novias o compañeras de escuela con grandes senos, al menos con los ojos bajo control no estarás abrumado por una inundación continua de nuevos objetos de lujuria mientras luchas por aprender a cómo controlar tu mente.

Tu mente llega a limpiarse

Al momento, tu cerebro se mueve con agilidad hacia la lujuria y hacia la pequeña euforia de placer que trae. El «punto de vista mundano» de tu mente siempre ha incluido pensar con lujuria. Los dobles sentidos, el soñar despierto y otras formas creativas de pensamientos sexuales son caminos aprobados, así que la mente se siente libre de correr por esos caminos hacia el placer.

Sin embargo, tu mente es ordenada y tu punto de vista mundano influye sobre lo que pasa a través de ella. La mente permitirá esos pensamientos impuros solo si «encajan» en la forma en que ves el mundo. A medida que construyes el perímetro de defensa para tu mente, el punto de vista mundano de ella se transformará con una nueva matriz de pensamientos que son permitidos, o lo que llamamos «permitidos».

Dentro de la antigua matriz de tu forma de pensar, la lujuria encajaba a la perfección y en ese sentido era «ordenada». Con una nueva y más pura matriz firmemente en su lugar, los pensamientos lujuriosos traerán desorden. Tu cerebro, actuando como un policía responsable, atrapará esos pensamientos lujuriosos aun antes de que lleguen a ser conscientes. En esencia, el cerebro comienza a limpiarse a sí mismo como un disco duro, a fin de que los enemigos escurridizos como los dobles sentidos y el soñar despierto, que son difíciles de controlar en el nivel consciente, sencillamente desaparezcan solos.

Esta transformación de la mente toma algún tiempo mientras tú esperas que se elimine la antigua contaminación sexual. Es similar a vivir cerca de un arrollo que se contamina cuando la cañería principal de una alcantarilla se rompe río arriba. Después que el equipo de reparación reemplaza el tubo roto, va a tomar algún tiempo para que el agua río abajo se limpie.

En el proceso de transformar tu mente, tú jugarás un papel activo y consciente en capturar pensamientos fuera de lugar, pero a largo plazo, tu mente se lavará a sí misma y comenzará a trabajar con naturalidad para ti y para tu pureza capturando esos pensamientos. Con los ojos rebotando en dirección opuesta de las imágenes sexuales, y la mente controlándose a sí misma, tus defensas crecerán increíblemente fuertes.

Al acecho en la puerta

Con esa confianza, desearás estar haciendo todo lo posible a fin de apresurar tu transformación mental. Un concepto útil aquí es la imagen en la Escritura de «al acecho en la puerta». Job lo menciona. Solo unos versículos después de leer sobre el pacto que hizo con sus ojos, lo escuchamos decir esto:

> Si por alguna mujer me he dejado seducir, si a las puertas de mi prójimo he estado al acecho, ¡que mi esposa muela el grano de otro hombre, y que otros hombres se acuesten con ella! Eso habría sido una infamia, ¡un pecado que tendría que ser juzgado! (Job 31:9-11)

¿Has estado al «acecho en la puerta de tu vecino»? Desde luego, es claro que este versículo habla de la vida de Job como un hombre casado, pero es muy fácil que se refiera a ti como un varón joven y soltero. Acechando puede significar mirar de soslayo a sus senos y a su trasero. Acechando puede significar que rondas en sitios a los que no debes buscar acceso en Internet.

Cuando yo (Fred) estaba en primer año de secundaria, una chica en particular se sentó cerca de mí en la clase de francés. Tenía el cabello largo, lacio y rubio, usaba una chaqueta de mezclilla todos los días, y tenía una cara bonita que nunca sonreía. Tenía un cabello rebelde, lo cual me daba un poco de miedo, y la hacía atractiva para mí. La miraba de soslayo muy a menudo, pero más que nada miraba a la parte superior de sus muslos donde se juntaban sus pantalones apretados. Yo tuve semanas de sueños mojados intensos y locos como consecuencia. Estaba al acecho en gran manera.

Pensamientos locos

¿Qué se supone que debo hacer?, preguntas. *Esos pensamientos vienen solos. No puedo evitarlos.* A decir verdad, eso parece cierto, ya que controlar la mente quizá parezca extraño. Como hemos visto, los sueños despiertos sexuales pueden ocurrir en la iglesia.

¿De dónde vienen estos pensamientos? La mente es como un potro salvaje, corriendo con libertad, un pensamiento dando lugar a otro sin ningún orden. Sin embargo, la Biblia dice que no solo debemos controlar los ojos, sino todo nuestro cuerpo:

> Ustedes no son sus propios dueños; fueron comprados por un precio. Por tanto, honren con su cuerpo a Dios. (1 Corintios 6:19-20)

Y no solo nuestros cuerpos, sino también nuestras mentes. El Espíritu Santo, a través de Pablo, es claro en esto:

> Destruimos argumentos y toda altivez que se levanta contra el conocimiento de Dios, y llevamos cautivo todo pensamiento para que se someta a Cristo. (2 Corintios 10:5)

Este es un versículo discordante. Al leerlo, es fácil preguntarse: «¿Llevar cautivo todo pensamiento? ¿Es eso realmente posible?».

La estación de aduana de tu mente

Todos los pensamientos impuros se generan al procesar tanto atracciones visuales como vivas a través de tus sentidos. Mirando con fijeza a las chicas en la playa. Coqueteando con la nueva chica en la clase de matemáticas. Recordando una antigua novia y esos ardientes sábados en la noche. A causa de un proceso impropio, nuestra mente puede exaltarse con la impureza y nuestros motores pueden comenzar a cargarse. Sin embargo, procesando como se debe estas atracciones, podemos capturar o eliminar pensamientos impuros.

Ya hemos discutido una manera de procesar la apropiadamente llamada rebote de los ojos. Procesa las atracciones visuales entrenando los ojos para que reboten y no para que se alimenten. Cuando se establece con eficiencia, el perímetro de defensa de los ojos tiene la naturaleza de la antigua muralla de

Berlín. No se permiten visas de entrada visual, por ninguna razón.

Sin embargo, el perímetro de defensa de la mente es menos como una muralla y más como un área de aduana en un aeropuerto internacional. Los departamentos de aduana son filtros que impiden que elementos peligrosos entren a un país. El Servicio de Aduana de los Estados Unidos trata de prevenir que entren drogas, moscas de fruta del Mediterráneo, terroristas y otros agentes dañinos. Asimismo, el perímetro de defensa de la mente procesa como es debido a las chicas atractivas que entran en tu «país», permitiéndoles la entrada, pero filtrando los pensamientos extraños e impuros con los que te sientes tentado cuando entran. Este perímetro detiene al asecho.

Perdido en las atracciones

¿Qué sucede en nuestra estación de aduana mental? Digamos que tú estás comenzando un nuevo año escolar, con un grupo nuevo de clases y de compañeros de clase. El primer día, Raquel se te aparece, comienza a hablar y… *¡pum!* Te sientes atraído. Desde este momento, se puede procesar como es debido en tu mente sin generar pensamientos impuros o puedes manejar mal la situación.

Lo que sucede después es crítico con respecto a la pureza de tu mente. Digamos que continúas interactuando con Raquel a medida que pasa el tiempo. Las primeras interacciones alimentan las atracciones y al principio te pierdes en ellas. Raquel, por ejemplo, puede devolverte tus señales de atracción. O su sentido del humor puede ser como el tuyo. Quizá a ella le encanta tu pizza favorita o ella sencillamente está loca por el fútbol. Raquel es refrescante y fascinante, así que a ti te encanta pensar en ella. En este momento, el proceso impropio te exalta a tener pensamientos sensuales u otras prácticas impuras, como coquetear sensualmente, bromas sugestivas o aun masturbarte cuando regresas a casa.

Aprende el proceso mental correcto

No hay nada malo con tus atracciones. Muchos de nosotros hemos estado perdidos en nuestras atracciones. Tú puedes estar perdido en una ahora mismo. Yo (Fred) me perdí en la secundaria con Julie.

La descubrí al principio de mi último año, cuando Julie estaba en su tercer año. ¡Digamos que tocó todos mis botones de atracción! Me arrebataban al país de las ilusiones tontas cada vez que pensaba en ella. Pensaba sobre qué diría y cómo nos amaríamos y a dónde iríamos, llenando mi mente con millones de interrogantes, pues no sabía nada de Julie excepto su nombre y el año en que estaba en la escuela.

Todo el año la anhelaba en mis sueños, observándola pasar alegremente, esperando el día en que pudiéramos hablar. Añoraba pedirle una cita, pero no tenía el valor. Aunque era el atleta popular del año, mi corazón se volvía gelatina cuando se trataba de chicas.

Al terminar el año, quedaba una oportunidad: el baile de graduación. Luchando intensamente, marqué su número de teléfono. Después de alguna conversación sin sentido, hice mi petición tartamudeando. ¡Ella en realidad dijo que sí! Su voz melodiosa afirmaba mi existencia, y te podrás imaginar lo que mi mente hizo con eso.

Después del baile de graduación, encontré el lugar perfecto para llevarla: el Ironmen Inn. Aunque el lugar tradicional para cenar después del baile era el Highlander, decidí que no le podía dar a mi recién encontrado amor algo tan trivial y aburrido. En las mesas aisladas por cortinas del Ironmen, nos podíamos sentar paralizados sin que nos interrumpieran en esa gloriosa primera noche del resto de nuestra vida el uno junto al otro. Después que nos llevaron a nuestra mesa, bromeamos un poco, mi corazón latiendo con fuerza dentro de mí. Mi atracción crecía a cada momento.

En la tranquilidad del aislamiento en el Ironmen, la encargada de mesas cerró románticamente las cortinas. El rostro encantador de Julie resplandecía, y sus preciosos labios llenos se partieron para hablar. Encantado, yo escuchaba soñadoramente, solo para escucharle decir: «Sabes, no sé cómo decir esto, pero yo en verdad, en verdad quería ir al Highlander. ¿Te molesta si vamos allá?».

¡Pumba!

Aunque mi atracción por ella se estremeció locamente, la cortesía y el honor ganaron. Adoptando un aire despreocupado, respondí: «Claro, me parece muy bien», aunque sabía que eso no era bueno para nuestra cita.

En el Highlander, mientras esperábamos por una mesa, Julie descaradamente preguntó: «¿Te molesta si voy a la mesa de Ritchie por un rato?».

No sabía qué decir, así que no dije nada. Ella me dejó y se pasó el resto de la noche con él.

Comí solo con mis pensamientos, meditando: *Por eso es que me gusta más el fútbol que las chicas.*

Más tarde ella, con gentileza, me tiró un hueso, permitiéndome el honor de conducir a su majestad a su casa. Me confesó que había estado todo el tiempo esperando encontrar la manera de estar con Ritchie esa noche, pues no la había invitado al baile como ella esperaba.

Mi atracción por Julie murió esa noche. Desde luego, no había nada malo en esa atracción. Es cierto que desperdicié la mayor parte de ese año siendo un idiota. Aun así, nunca la codicié y, desde luego, nunca me masturbé pensando en ella.

Cuando asechamos y vamos más allá, pecamos. Sean me dijo: «Erica me destruye. Se sienta directamente delante de mí en la clase de ciencia y no puedo quitar mis ojos de ella. Tiene un cuerpo con todas las de la ley y los chicos en los vestuarios me han dicho que es muy flexible sobre lo que haría con un chico. Sé que nunca me prestaría atención, pero encontré su foto en sus pantalones cortos de voleibol en el anuario de la escuela, y me he masturbado un millón de veces mirando esa foto».

Sean ha ido mucho más allá de la atracción, cayendo en el centro de una charca grande y espumosa de lujuria.

Un corral para tu mente de potro

Ya dijimos que nuestra mente es como un potro salvaje que corre con libertad. Los potros tienen dos características similares a las de los cerebros masculinos. En primer lugar, el potro corre a donde quiere. En segundo lugar, el potro se aparea donde quiere y con quien elige. ¡Hay yeguas por todas partes! Y si un potro no ve una cerca, olfatea el viento y, sintiendo una yegua por el horizonte, corre hacia allá y se aparea.

Este rasgo es similar al de la asna salvaje a través de la cual Dios le habló al profeta Jeremías:

> ¡Asna salvaje que tiras al monte! Cuando ardes en deseos, olfateas el viento; cuando estás en celo, no hay quien te detenga. Ningún macho que te busque tiene que fatigarse: cuando estás en celo, fácilmente te encuentra. (Jeremías 2:24)

¿Puedes controlar al potro? ¿Puedes alcanzarlo corriendo o sencillamente mover tu dedo y reprenderlo? No, desde luego que no. Entonces, ¿cómo previenes que él corra y se aparee cuando quiera?

Con un corral.

Hasta ahora, tu mente corre como un potro. Es más, tu mente «se aparea» donde quiere con chicas atractivas y sensuales. Ellas están por todas partes. Con una mente de potro, ¿cómo detienes la carrera y el apareo? Con un corral alrededor de tu mente.

Vamos a ampliar esta metáfora un poco para ayudarte a comprender mejor nuestra meta de reinar sobre nuestras mentes errantes.

Antiguamente, eras un orgulloso potro, salvaje y libre. Lustroso y ondulado corrías por las colinas y los valles, corriendo y apareándote donde deseabas, en control de tu destino. Dios, dueño de un gran rancho local, te notó a la distancia mientras trabajaba con su manada. Aunque tú no lo notaste, Él te amó y deseó que fueras suyo. Te buscó de muchas formas, pero tú huías de Él una y otra vez.

Un día, te encontró atrapado en un profundo y oscuro cañón, sin salida. Con el lazo de la salvación, Él se te acercó y te convertiste en uno de los suyos. Deseaba domarte a fin de que le fueras útil y le dieras más regocijo. Sin embargo, conociendo tus tendencias naturales y cómo te encantaba correr libre con las yeguas, Él te puso una cerca a tu alrededor. Este corral era el perímetro de tus ojos. Detuvo el correr y te impidió que olfatearas el viento y corrieras como un loco hacia el horizonte.

Aunque el corral detuvo la carrera, aún no ha detenido el apareo. Te apareas en tu mente, a través de atracciones, pensamientos y fantasías, coqueteando y relinchando con lujuria a las yeguas dentro o cerca de tu corral. Hay que domarte.

Cada vez más cerca

Hay muchas chicas que no son atractivas para ti y no generan pensamientos impuros. Esas pueden incluir tus amigas, tus medias hermanas, tus compañeras de clase y tus amigas de la iglesia. Tu amigo José puede notar a alguien y decir: «¡Estupendo, mira esa chica! ¡Está ardiente!». Tú respondes un poco sorprendido, diciendo: «Quizá, hace tanto tiempo que la conozco que no pienso en ella de esa forma. Solo es una amiga».

Sin embargo, hay mujeres jóvenes que conoces que oprimen todos los botones de atracción que tienes; como Raquel, la nueva estudiante, o quizá la nueva chica en el grupo de alabanza que te deja sin respiración cada vez que ella se pone de pie y canta. Relinchas, atrayéndolas hacia tu corral, pero solo en tu mente. Entre esas quizá hay una antigua novia con la que aún estás profundamente atado a causa de tus anteriores pecados sexuales. En tu mente, te apareas con facilidad debido a tus muchas citas con ella. En tu mente, todavía está junto a ti. A causa de tu intimidad anterior, ella puede parecer tuya en tu mente para tomarla cuando lo desees. Recuerdas las emociones, así que te sientes libre para jugar con tus pensamientos.

Aun así, debes sacarla de tu corral y dejar de asecharla. El perímetro de la mente procesa las atracciones vivas que vienen a medio galope por el horizonte y pasan por nuestros corrales. Dejando de alimentar las atracciones, esas mujeres jóvenes retroceden a zonas seguras de «amistad» o «conocidas», donde ya no amenazan su pureza.

Desde luego, la mayoría de las chicas no oprimirán todos tus botones de atracción. No obstante, algunas veces parece que puedes encontrar algo atractivo en casi todas las chicas que pasan cerca de ti. Pantalones ajustados y sostenes que realzan los senos. Cabello perfumado. Alegría, ritmos alegres, risas y voces. Desea abrir las puertas a cada una de ellas.

¿No le debes levantar al Señor un perímetro de defensa mental? Si no es así, tendrás una historia triste que contar, como la que escuchamos de Jake. Era el estudiante líder de un grupo de jóvenes, junto con otros cuatro, incluyendo a Gina. Se mantenía firme y en la iglesia lo respetaban. Sin embargo, él no tenía un perímetro de defensa mental porque felizmente pensaba que no lo necesitaba. Como resultado, permitió que Gina se acercara demasiado a su corral:

> Gina y yo dirigíamos el grupo de jóvenes, y los dos participábamos en las reuniones de los miércoles por la noche. A causa de nuestras posiciones de liderazgo, asistíamos a muchas actividades juntos. También teníamos algunos tiempos muy íntimos de oración, nosotros dos solos. Descubrí que me pasaba mucho tiempo pensando en ella, fantaseando y preguntándome qué pensaría ella si la agarraba y la besaba. Pensé que esos pensamientos

> eran inofensivos. Ella era pura y de una familia muy estricta. De todos modos, yo no pensaba que ella vería nada en mí.
>
> A pesar de eso, yo pensaba en ello todo el tiempo, cómo me le acercaría, cómo la tomaría en mis brazos. Era casi como si ya lo hubiéramos hecho muchas veces. Una noche éramos los dos últimos en salir después de limpiar un miércoles en la noche, y estábamos de pie en el estacionamiento. Entonces fue cuando mis juegos mentales se volvieron realidad. Antes de darme cuenta, estábamos en el asiento trasero del microbús de mi mamá, desnudos y temerosos, preguntándonos qué habíamos hecho.
>
> Desde entonces hemos estado teniendo relaciones sexuales constantemente por alrededor de seis meses, dirigiendo la adoración y los tiempos de oración como siempre, pero viviendo en mucha hipocresía. No puedo imaginar que tengamos ningún verdadero liderazgo ni poder en el reino del Espíritu. Me siento como un tonto y un fracaso, ¿pero de qué manera me detengo? No podemos encontrar cómo.

Tú necesitas una defensa, mi amigo. Necesitas detener el acecho. Por ejemplo, hay yeguas que, a primera vista, despiertan tus hormonas de inmediato. Y hay otras que enseguida les gusta lo que *ellas* ven cuando también miran hacia ti.

Las mujeres que encuentras atractivas

Cuando encuentras a alguien atractiva de una manera obsesiva y sexual, tu primera línea de defensa es una disposición apropiada, la cual es esta: *Esta atracción amenaza mi intimidad con Cristo.* Quizá no parezca amenazante al comienzo de la atracción, cuando todo parece inocente. Solo te estás divirtiendo, explorando cosas en tu mente y haciéndote el tonto. Aun así, recuerda, la mente es fuerte y, como lo hizo con Jake y Gina, una atracción puede crecer con rapidez fuera de control y destruir tus relaciones espirituales.

Tu segunda línea de defensa es declarar: *No tengo derecho a pensar esas cosas sexuales.* Repítete esto con claridad, decisión y a menudo. ¡Tú ni siquiera conoces a esa chica! ¿Quién eres para, en esencia, violarla en tu mente?

La tercera línea de defensa es *aumentar tu alerta.* Considera la serie de televisión *Viaje a las Estrellas.* ¿Qué hacía el capitán Picard cuando se acercaba el peligro? Gritaba: «¡Alerta roja! ¡Levanten el escudo protector!». En una línea similar, cuando una mujer atractiva se acerca a tu corral, tu perímetro de defensa debe responder de inmediato: ¡Alerta roja! ¡Levanten el escudo protector!

Rebota tus ojos. La viste pasando por tu corral y te atrajo físicamente. Rebota tus ojos para no alimentar esa parte lujuriosa de la atracción. No insistas en pensar en su belleza mirándola de soslayo o acostándote en su cama fantaseando. No tienes derecho a hacer eso. Está claro que eso es pecado sexual y representa más que un indicio de inmoralidad sexual en tu vida.

En resumen: Si te sientes atraído hacia una mujer joven, eso no significa que no puedes tener ningún tipo de relación o amistad con ella. Solo significa que debes poner en efecto tus perímetros de defensa contra la lujuria y el acecho. Una vez que dejas de alimentar tu mente con eso, puedes tener una relación apropiada, una que la honra a ella y al Señor.

Las mujeres que te encuentran atractivo

No importa la edad, todavía somos capaces de decir cosas ridículas como: «Al fin, he aquí una mujer joven que es evidente que tiene buen gusto y conoce lo que es alguien "guapo" cuando lo ve. Sencillamente tengo que conocerla mejor».

Brian es un luchador en su segundo año de universidad. Él también es virgen. ¿Sabes lo que me dijo? «Yo era muy popular en la escuela porque había clasificado para competir a nivel del estado, entre otras cosas. No sé cómo, pero parece que todo el mundo sabe que soy virgen. Todavía no puedo creerlo, pero seis chicas diferentes vinieron a mí durante mi último año de la escuela y me preguntaron si podían ser "mi primera vez"».

Aunque la mayoría de nosotros nunca experimentará algo parecido a eso, incluso una chica que empuja con fuerza nuestros límites es capaz de amenazar nuestra intimidad con Cristo. Si no es cristiana, es aun más peligrosa ya que no tiene una razón moral para no acostarse contigo. Con tales chicas, es mejor detenerlas al no regresar a ninguna señal de atracción.

No demores en levantar tus escudos. En una película de la serie *Viaje a las estrellas,* el enemigo había capturado una nave de la Federación y se estaba acercando al capitán Kirk y a la nave *Enterprise* (los buenos de la película). El comandante enemigo no respondió a las llamadas del capitán Kirk. Mientras que el capitán lo llamaba sin cesar, el comandante enemigo sencillamente dijo con desdén: «Que coman estática».

El capitán Kirk encontró peculiar esta falta de una respuesta. Confuso e inseguro de las intenciones de la nave que se acercaba, se entretuvo. No levantó sus escudos. Al final, cuando estaba lo bastante cerca, el enemigo disparó inutilizando severamente al *Enterprise*. Kirk pagó un alto precio por entretenerse, perdiendo por muerte a su mejor amigo en la batalla subsiguiente.

Levanta tus escudos y pregunta después. Al menos implementa una de estas estrategias:

- *Huye de ella.* En primer lugar, prepárate con algunos simulacros de «juegos de guerra». ¿Qué dirás si ella viene a tu casa después de la escuela, cuando sabe que tu mamá no está en la casa? ¿Qué harás si ella se comienza a desabrochar su blusa? Josh McDowell les dice a los adolescentes que decidan lo que harán en el asiento trasero del coche *antes* de entrar al asiento trasero del coche. De otra manera, la pasión rige y el razonamiento no está claro. En segundo lugar, no envíes de regreso ninguna señal de atracción. No respondas a la llamada. ¡Que coman estática!

- *Cuando estás en su compañía, hazte el tonto que no es popular.* Puedes ser como el tonto que entra a un baño público cercano y emerge vestido de poliéster como el enemigo de todas las cosas que son coqueterías y que están de moda. Aburrido, apacible y de mente estrecha, con un protector de bolsillo que le cubre el corazón, con el cabello fuera de lugar, comienza la guerra tranquila e ingrata de intercambios aburridos. Nuestra antes amenazadora amazona se retira a sectores indefensos, ¡dejando al tonto de nuevo victorioso en su interminable buena batalla para dejar de alimentar lo que está de moda y lo impuro en su imperio galáctico!

De acuerdo, no hay mucha gloria en hacerse el tonto. No hay contratos de tiras cómicas, ni contratos de anuncios, ni entrevistas de televisión.

Sin embargo, serás un héroe con el Señor.

Un tonto es lo opuesto a un jugador. En las relaciones, los jugadores envían y reciben señales sociales con facilidad. Los tontos no. Cuando un jugador desea enviar señales de atracción, hay ciertas cosas que va a hacer. Coqueteará. Bromeará. Sonreirá como el que sabe. Hablará de cosas que están de moda. En pocas palabras, será estupendo. Hasta cierto punto, algunas veces parece que los cuatro años de secundaria se pasan aprendiendo a ser un jugador, así que para buscar la pureza sexual, un poco de suicidio social es muy apropiado.

Siempre hazte el tonto si una chica está empujando demasiado duro. Si una chica te sonríe como que parece que sabe, aprende a sonreír como que parece que estás confuso. Si ella habla de cosas que están de moda, habla de cosas que están fuera de moda para ella, como el motor de tu coche o tus calificaciones. En lugar de que le resultes bastante agradable, te encontrará más bien soso y poco interesante. *Perfecto.*

SEXTA PARTE

El honor sexual

capítulo 20

Amor por su padre

Como padre, yo (Fred) apoyo a mi hija. Recuerdo cuando Laura nació y las veces que la mecí cuando su fiebre era tan alta que sus ojos se le pusieron en blanco. Recuerdo cuando se fracturó un dedo en la puerta del coche y yo la abracé. Recuerdo cuando ganó para actuar en la obra de la escuela y yo practiqué sus líneas con ella una y otra vez. Recuerdo que la ayudaba a estudiar matemáticas antes de sus exámenes.

Cuando el balón de voleibol cayó a sus pies tres veces en el juego durante nuestra reunión familiar, abracé a Laura para que pudiera esconder sus lágrimas en mi pecho mientras sollozaba: «Todos ellos piensan que no sirvo para nada». Me mantuve cerca de ella por el resto del día, defendiendo su honor y retando con insolencia otro tiro como esos contra mi «nena».

Hablé con ella sobre la escuela y cómo se encontraba en la cumbre de la adolescencia, y ahora que está en la escuela secundaria, hablamos acerca de citas con chicos y la universidad y del crecimiento. He sentido un profundo orgullo cuando comenzó a dirigir estudios bíblicos antes de la escuela por los últimos dos años, y he sentido una ira indignante y tristeza cuando algunas de sus «hermanas cristianas» de ese mismo estudio bíblico le dijeron: «Tus altas normas son las que les dan a los cristianos un mal nombre».

Criar a Laura en la pureza y en la santidad ha sido uno de mis más altos llamados en la vida. Hemos caminado y hablado, reído y llorado. La conozco demasiado bien. ¿Y tú, joven? ¿Quién eres tú? ¿Cómo eres? ¿Cuánto tiempo has orado por ella? Todo lo que sé es que yo apoyo a mi hija, y ningún corte de pelo de moda, coche rápido, ni dulce sonrisa le va a quitar mi apoyo. Mi inversión es demasiado grande.

¿Me puedes honrar en esto?

Sé que tú eres mi hermano en Cristo y quiero contar contigo para que estés hombro con hombro a mi lado en este llamado que tengo de Dios. Sí, estoy en mis cuarentas y tú quizá seas un adolescente o a principios de tus veintes, pero yo soy tanto tu hermano como lo son tus amigos, y estoy contando contigo de no poner tus manos sobre mi hija al igual que tu mejor amigo está contando contigo para que no pongas tus manos sobre su novia. Hónrame es esto.

Cada padre que conozcas ha tenido diecisiete años antes, pero ni uno de ustedes ha tenido cuarenta y cuatro años de edad con una hija adolescente. ¿Qué quiere decir esto? En primer lugar, no puedes comprender cómo me siento y, como es natural, no tratarás mis preocupaciones con suficiente cuidado. En segundo lugar, y peor para nosotros dos, sé lo que *tú estás* pensando.

Mi joven amigo Tyson, de mi grupo de jóvenes, dice exactamente la realidad. Hace poco me dijo: «No es ningún secreto. La mayoría de los chicos solo desean tener relaciones sexuales o algún tipo de actividad. A ellos no les importan las relaciones, como a las chicas. A los chicos les gusta ver a las chicas con muy poca ropa puesta y esa es la realidad. Aun para nosotros los jóvenes cristianos».

Aun nosotros los cristianos. ¡Ah! No me sorprende. Como un hombre que salió del mundo relativamente tarde en la vida, yo quizá tenga un punto de vista diferente a ti sobre la palabra «cristiano», y no importa si eres católico o protestante, evangélico o carismático. Si me preguntaras lo que me sorprende más acerca del cristianismo, eso sería que muy pocos cristianos viven diferentes a todo el resto del mundo.

Así que eso nos deja en una posición interesante, ¿no es así? Sé que muchos cristianos no hacen lo que dicen y su palabra no vale el aire que respiran para decirlo. Y, sin embargo, uno de los llamados más grandes que Dios ha puesto en *mi* vida es depender en *tu* carácter si estás solo con mi Laura. Eso me debe hacer sentir incómodo y así es.

Después de todo, no te conozco. A pesar de eso, tengo que poner toda mi confianza en ti, mi hermano cristiano, a fin de que te unas conmigo en mi llamado durante esos momentos cuando ella está contigo. ¿No me debes algo de fidelidad y honor? ¿No me debes algunas buenas defensas contra tus propias pasiones?

Esto quizá te parezca cómico, como me hubiera parecido a mí a tu edad, ¿pero quieres saber la verdad? Hasta que no me pruebes que tienes honor, no creo que ni siquiera tengas el derecho de *hablar* con mi hija, y mucho menos tomarla de la mano en el parque. A lo mejor piensas que ya eres un hombre honorable. Tal vez lo seas, pero vamos a ver cómo te comparas con uno de los hombres más honorables en la Biblia.

Analiza este gran ejemplo

En 1 Crónicas 11 leemos que a un hombre llamado Urías lo nombran como uno de los «más valientes» de David, los hombres que «lo apoyaron durante su reinado y se unieron a todos los israelitas para proclamarlo rey, conforme a lo que el SEÑOR dijo acerca de Israel» (11:10).

Sin duda, a Urías lo consumían los propósitos de su rey, David. A él también lo consumían los propósitos de Dios. Urías estaba junto a David en las cuevas cuando Saúl los perseguía. Lloró con David cuando quemaron sus casas en Siclag. Participó en la ovación hasta quedarse sin voz en la coronación de David y él peleó sin temor para extender el reino de David sobre toda la tierra. Jurando su vida a los propósitos de Dios, Urías se mantuvo en peligro para defender el trono de David.

La fidelidad de Urías era absoluta, pero desafortunadamente, la fidelidad de David no lo era. Se acostó con Betsabé, la esposa de Urías. Cuando ella quedó embarazada, David tenía un problema en sus manos. Como siempre, Urías estaba fuera, peleando las batallas de David. El embarazo de Betsabé solo podía significar una cosa: David era el padre, no Urías.

David enfrentó la situación inventando una treta. Ordenó a Urías que regresara de la batalla. El plan de David era enviar a Urías enseguida a su casa para que disfrutara de una noche cálida y cariñosa con Betsabé. Ella sería en especial amorosa esa noche. Si Urías hacía su parte, la gente daría por sentado que el niño era de él. Es trágico, pero la fidelidad de Urías hacia el rey era tan completa que el plan de David no dio resultados.

> Luego le dijo: «Vete a tu casa y acuéstate con tu mujer». Tan pronto como salió del palacio, Urías recibió un regalo de parte del rey, pero en vez de irse a su propia casa, se acostó a la entrada del palacio, donde dormía la guardia real.
>
> David se enteró de que Urías no había ido a su casa, así que le preguntó: Has hecho un viaje largo, ¿por qué no fuiste a tu casa?
>
> En este momento, respondió Urías, tanto el arca como los hombres de Israel y de Judá se guarecen en simples enramadas, y mi señor Joab y sus oficiales acampan al aire libre, ¿y yo voy a entrar en mi casa para darme un banquete y acostarme con mi esposa? ¡Tan cierto como que Su Majestad vive, que yo no puedo hacer tal cosa!
>
> Bueno, entonces quédate hoy aquí, y mañana te enviaré de regreso replicó David.
>
> Urías se quedó ese día en Jerusalén. Pero al día siguiente David lo invitó a un banquete y logró emborracharlo. A pesar de eso, Urías no fue a su casa sino que volvió a pasar la noche donde dormía la guardia real. (2 Samuel 11:8-13)

¡Mira a Urías! Estaba tan consumido por los propósitos de Dios que rehusó ir a su casa siquiera a lavarse los pies. Su fidelidad y su honor eran tan fuertes que, aun cuando estaba borracho, ¡no flaqueó para irse a su casa a fin de pasar un tiempo en la cama con su propia esposa!

¿Honras así los propósitos de Dios? Me pregunto si te podrías mantener fuera de la cama si te dieran una invitación tan abierta a estar en ella. Sé que los propósitos de Dios respecto a mi hija, Laura, son que ella sea criada en la pureza y la santidad. Los propósitos de Dios y los míos, por lo tanto, son los mismos. Tú debes defender mis propósitos para Laura como yo, con la fidelidad de Urías, sin flaquear… aun si estuvieras borracho, que Dios no lo quiera. ¿Pudieras compararte a Urías, uno de los «hombres valientes» de David?

¿O eres un debilucho como Sedequías, del cual leímos antes? En esa historia, Dios, a través de Jeremías, le pidió al rey que se rindiera, a hacer algo muy difícil, algo que no tenía sentido. Sedequías rehusó obedecer. Hacer lo correcto era demasiado ilógico, demasiado costoso. Los resultados para él, para su familia y para su nación fueron trágicos.

A ti se te pidió que hicieras algo que no tiene sentido y es costoso. A ti, un ser sexual, se te pide que vivas en pureza con chicas bonitas a todo tu alrededor. Considerando a mi Laura, si tú fracasaras en obedecer como Sedequías, los resultados para mi hija y para mi familia serían trágicos.

Es por eso que necesito que actúes con honor. Tú necesitas defensas verdaderas, no tontas. Mi compañero de cuarto en la universidad me dijo que para evitar tener relaciones sexuales con su adorable novia, se masturbaba antes de irla a buscar para salir en una cita. Eso no es puro ni honorable.

Las defensas son la clave

Danny es la clase de chico que ama y honra a un padre. «Mi primera defensa era salir solo con cristianas», dijo. «Pero el problema más grande con la mayoría de los chicos es que solo utilizan esta defensa. Qué equivocación, ya que todos podemos cometer errores, cuando existe la situación apropiada. Así que he establecido varias reglas para evitarme esas situaciones tanto como sea posible.

»En la práctica esto significaba que no debía estar solo con la persona con la que había salido. Es obvio que no llevé esto a los extremos. *Podía* ir en un coche con ella, por ejemplo. Por otra parte, si estábamos sentados en el coche conversando, tenía que ser en un lugar como la entrada de su casa y no un callejón para enamorados. También hice una regla que no podía estar solo en una casa con la chica con la que había salido.

»Mantuve esas normas cuando me mudé fuera de la casa de mis padres porque sentía que era sabio y muy honorable a Dios. Desde luego, era mucho más fácil cuando vivía con mis padres. Podía decir: "No puedo hacerlo porque mis padres no me lo permiten". Ahora tenía que mantener esas normas solo. Sin embargo, ¡qué gran norma! Acabo de casarme y usted me puede creer que estoy muy contento de haberme mantenido fuerte, sobre todo cuando Lisa y yo nos comprometimos. Puedo pensar de varias ocasiones cuando, sin esta norma viviendo con fuerza en nuestras vidas, hubiera sido fácil perder la pureza en nuestra relación.

»Antes de casarnos, Lisa y yo nos permitimos muchas veces sentarnos en el coche frente a la casa de mis padres y conversar. (Aunque ya no vivía allí, los visitábamos a menudo.) Los vecinos siempre nos echaban una mirada furtiva desde las cortinas de sus cocinas. Dios bendiga a esos vecinos... eran definitivamente parte de nuestra responsabilidad ante otros, sin importar si nos gustaba o no. Estoy seguro que mi mamá hacía lo mismo, ¡pero al menos ella no lo hacía de manera obvia!

»Otra defensa era hablarles de mis normas a todos los que conocía. Después de eso, las normas nunca eran difíciles de seguir porque la mayoría de las personas sabían lo que eran. Si fallaba, todo el mundo parecía saberlo, y ellos me reprendían por eso. Cuando Dios pone una convicción en su corazón, esa norma se vuelve tan importante como las que sin duda Él escribió en la Biblia. Esto es lo que puede separar a las parejas cristianas "promedio" que salen en citas de aquellas que desean la perfecta voluntad de Dios.

»Recuerdo el momento poco después de conocer a Lisa. Conducía para llevarla a su casa después de haber salido en un grupo. Tratábamos de pensar en algo que pudiéramos hacer porque aún era muy temprano. Lisa se volteó hacia mí y dijo: "¿Quieres ir a mi apartamento? Podemos hacer algún postre y jugar algunos juegos de mesa". Usted debe saber que Lisa vivía sola en esa época y yo podía sentir el nudo en mi garganta y el dolor en el estómago en un segundo. Los pensamientos inundaron mi mente y mi corazón... Lisa tenía una compañera de cuarto, pero yo no estaba seguro que estuviera allí ni cuánto tiempo permanecería. Sabía que "técnicamente aún no estábamos saliendo juntos", pero a mí ya me estaba gustando esta chica.

»¿Cómo le explico a esta buena chica que no podía ir a su apartamento sencillamente a jugar juegos de mesa? ¿Debería decir que me tenía que ir a casa porque estaba cansado? Pero si hacía eso, ella sabría que estaba evitando decirle algo porque todavía era temprano. Decidí decirle la verdad, sabiendo muy bien que ella podía reírse y decirme lo tonto que era. Con urgencia pensé: *¡Señor, ayúdame!* Se sintió como una eternidad antes de poder decir una palabra. Con nerviosismo dije: "Tú podrías pensar que esto parece un poco gracioso, pero tengo una regla de no estar solo con una chica en su casa. No me expongo a esas situaciones". En el momento en que esas palabras salieron de mi boca, sentí que se había quitado un gran peso de mi pecho. Estaba muy orgulloso y, al mismo tiempo, temeroso de oír la respuesta de Lisa. Me sorprendió cuando ella dijo enseguida: "No te preocupes. Buscaremos otra cosa que hacer".

»En verdad, no me acuerdo lo que ella sugirió que hiciéramos esa noche, pero en ese momento, sentí que el Señor me recompensó por tomar una postura firme por Él. Aunque no sabía en aquel momento que Lisa sería mi futura esposa, el Señor sí lo sabía».

Danny y Urías están cortados con la misma tijera. Hombres jóvenes como Danny tienen verdadero honor, valor y amor.

Adelante, pide su mano

Honrar al padre significa que le pides permiso cuando llega el momento de casarte. Cuando le pedí a mi suegro la mano de Brenda para casarnos, él estaba en su lecho de muerte. Aunque se fortalecía de vez en cuando, los dos sabíamos que su tiempo en la tierra estaba al finalizar. Entré a su habitación en el hospital, mucho más fuerte que él, pero mucho más temeroso. Sabía cuánto amaba a su hija. Sabía cómo la había abrazado y permitido que llorara cuando llegó a su casa con un mal corte de cabello. Sabía lo orgulloso que estaba cuando le regaló un coche usado. Sabía cómo acostumbraba a nadar en el océano y le permitía a ella sentarse sobre él como si fuera una balsa, flotando alegremente. Sabía cómo la había criado con diligencia en la pureza, manteniéndola en la iglesia y apartándola de las influencias obscenas en su vida.

Cuando le pedí su mano, él me dijo algo que ha permanecido grabado de una manera imborrable en mi mente a través de los años. «Aunque no lo conozco bien», comenzó, «sé que usted es la clase de hombre que hará lo que dice. Sé que cuidará de ella». Nunca en mi vida había creído un hombre tanto en mí, confiando en mi hombría y entregándome algo tan valioso. Él me dio su adorada hija única, aun sabiendo que nunca podría intervenir para defenderla si no cumplía mi palabra, que nunca estaría ahí para recordarme mis promesas, que nunca estaría ahí para poner esa chispa de nuevo en sus ojos si yo la hacía desaparecer.

Estaba en deuda con él porque confiaba en mí, tanto cuando Brenda y yo salíamos en citas como ahora que ya está en la tumba. Estoy en deuda con él por su gran inversión en ella. Cuando lo vea de nuevo en el cielo, no tendré que apartar mis ojos con vergüenza. Me dio la batuta y he corrido bien con ella.

Eso es amor y honor. Eso es autenticidad.

capítulo 21

¿Qué piensan las chicas?

Pensamos que sería interesante que escucharas a tus colegas: las mujeres jóvenes. ¿Qué piensan de todo esto? ¿Qué clase de presiones sienten? ¿Qué buscan en un chico?

Antes de profundizar más, debes saber que muchas mujeres jóvenes están creciendo hoy en día sin una presencia masculina en el hogar. Se estima que treinta por ciento de las niñas y las mujeres jóvenes no saben lo que es tener un padre a tiempo completo, sentir el calor de su abrazo y observar cómo trata a su mamá. Puedes culpar el alto porcentaje de divorcio y el aumento de niños que se crían con un solo padre a esta tendencia.

Además, hay un triste fenómeno de abuso, incluyendo un comportamiento sexual inapropiado. Si vamos a creer en las estadísticas, a innumerables niñas las acarician y violan primos, tíos y los novios de sus madres, a razón de una de cada tres. Nuestra cultura ha dejado a muchas mujeres jóvenes tan doloridas, solitarias e inseguras que están dispuestas a vender su cuerpo solo por la oportunidad de abrazar a alguien y mirar profundamente a sus ojos. Ahora, teniendo esto en mente, ¿qué tienen que decir las chicas?

¡Vamos a preguntarles!

Entrevisté a tres mujeres jóvenes para este capítulo: Amber, Brynna y Cassie. Amber comenzó la conversación diciendo: «Sé que muchas de nosotras no llegamos a las normas de Dios por la manera en que nos comportamos. Necesitamos sentirnos aceptadas, y cuando no comprendemos el valor que tenemos por ser una hija del Rey o aun de nuestros padres, buscamos con intensidad la aceptación. Algunas veces parece un buen intercambio reducir nuestras normas a fin de satisfacer esas necesidades dentro de nosotras».

Los chicos, dijeron ellas, tienen una manera de encontrar a mujeres jóvenes con necesidades emocionales. Amber dijo: «Muchas chicas se sienten inseguras así que dejan que los chicos hagan lo que quieran, aunque no vaya de acuerdo con ellas, solo con el objetivo de tener esa relación con él. Si ella detiene sus insinuaciones, teme que rompa con ella, y entonces ya no tendrá esa identidad con él. Veo que eso les ocurre a mis amigas a cada momento».

Así que recuerden, chicos, tenemos el llamado a ser como Cristo. Eso significa que debemos tratarla a ella como *nosotros* quisiéramos que nos trataran. Eso quiere decir que no debemos hacer leña del árbol caído. Eso denota que debes dejar mejor a las chicas con las que sales por haberte conocido. Yo (Fred) no puedo pensar que a ninguna de las chicas con las que salí dejé mejor que cuando las conocí, lo cual es una muy triste acusación de donde estaba metida mi cabeza. ¿Y qué podemos decir acerca de Steve? ¿Crees que el aborto dejó a su novia en mejor condición? Desde luego que no.

Y, sin embargo, sentirse mejor por haberte conocido es exactamente lo que desean las mujeres. Si se los proporcionas, serás su héroe. Escuché una vez a una adolescente decir con melancolía: «Sabe usted, en realidad cometí un error cuando permití que Bill se desapareciera. Era en verdad amable y nunca me hizo daño».

«Las chicas desean que las amen y aprecien por lo que son», comentó Brynna. «Nos gusta que nos digan que somos bellas sin tener otra cosa en mente».

Amber añadió: «Chicos, ustedes necesitan decirles que les importa más su corazón que la forma en que se visten».

Cassie sencillamente dijo: «Por favor, sea un líder».

Sin embargo, demasiado a menudo el único liderazgo que tomamos es obligarlas a traspasar sus límites sexuales. «Las chicas desean que los chicos tomen el liderazgo en la relación», dijo Cassie. «Sin embargo, son los chicos los que están pasando los límites. Cuando eso me ha ocurrido a mí, me he sentido muy resentida. Sé que eso hace que las chicas se sientan utilizadas. No nos sentimos validadas por lo que somos ni por nuestra postura como mujeres. Recuerdo la vez que un chico que me gustaba mucho trató de hacer algunas cosas que me hacían sentir incómoda. Le pedí que se detuviera, pero él persistió. Al final, me agotó y terminé consintiendo. Había debilitado mis defensas».

Comprende lo que se dice aquí. No hay nada varonil en ir más allá de los límites sexuales de tu novia, sobre todo cuando su dolor o su deseo de aceptación debilitan sus defensas. Además, para las mujeres, la relación sexual no es tanto un acto físico como emocional; muy diferente al punto de vista del varón.

Quizá me digas: *Un momento, Fred. Las chicas que yo conozco parecen como que todo lo que les interesa es la relación sexual.* Un joven lo dijo de esta forma: «No cabe duda que las chicas en mi grupo de jóvenes me llevaron a tropezar. Es muy difícil para un chico adorar a Dios cuando ellas están de pie delante de uno con blusas sin mangas y pantalones cortos muy, pero muy ajustados. Esto es en broma, desde luego, ¡pero a veces me siento como que tengo que arrepentirme por haber ido a la iglesia!».

No negamos esto, ni tampoco decimos que a las chicas nunca les tienta la relación sexual, ni que odien cada minuto de esto. Amber dijo que ella sabía que había hecho algunas cosas que estaban mal sexualmente, cosas que se deben guardar para el matrimonio. «Yo no reduje mis normas solo porque el chico me presionaba por eso», dijo ella. «Deseaba tanto que me acariciaran como él deseaba hacerlo. Ha sucedido a menudo, y cada vez en medio de ello me ponía a pensar: *Esto no es correcto, pero no es tan incorrecto. No estamos teniendo relaciones sexuales, y no nos estamos quitando la ropa.* Además, era una sensación tan buena que era difícil detenerse».

Sí, es posible aun para una chica traspasar *sus* límites de vez en cuando, así que tienes que estar preparado para eso también. Recuerda, la influencia de nuestra cultura sensual es tan grande en las mujeres jóvenes como en ti. Uno de nuestros pastores me dijo: «Estoy comenzando a pensar que nuestras chicas son tan calientes como los chicos».

Sin embargo, no te imagines que las mujeres jóvenes piensen sobre la sexualidad igual que tú. No es así. No son tan propensas hacia lo visual como tú. Amber dijo: «Para ser sincera, ¡me resulta inconcebible que un chico con solo ver algo sensual se ponga tan caliente que tenga que masturbarse! No comprendo eso en lo absoluto».

Recordemos una diferencia crucial

La declaración de Amber nos debe recordar esto: La mayor diferencia es que la sexualidad no es lo más prioritario para una chica en una relación, y tienes que comprender esto muy bien. Quizá se puede decir con más sencillez de esta forma:

- Los chicos dan emociones a fin de recibir relación sexual.
- Las chicas dan relación sexual a fin de recibir emociones.

Muchachos, las chicas quieren una relación con ustedes, pero no deben tener que dar relación sexual para recibirla.

«¿Qué puede hacer un chico para que me haga sentir apreciada?», pregunta Amber. «Diciéndome que él desea pasar tiempo de calidad conmigo, diciéndome por qué me ama y confiando en mí con sus pensamientos y sus sentimientos. No debe sentir temor en decirme la verdad, aunque esta sea dolorosa. Tiene que honrar a mi familia y respetar mi cuerpo al no sobrepasar nuestros límites. Necesita cumplir sus promesas y ser un hombre de palabra estando atento a *mi* protección y a *mis* mejores intereses».

Como ves, la relación sexual tiene muy baja prioridad para Amber y es la misma historia para Brynna. «Si deseas saber lo que me excita, es cuando él recuerda lo que le dije o me da un regalo inesperado de algo que le mencioné casualmente. Es cuando me envía una tarjeta sin ninguna razón, me abraza o me da un besito, me toma de la mano en público y me da independencia con mis amigos. Ah sí, y respetándome y alabándome frente a otros».

No hay mucho de sexualidad allí. Escuchemos a Cassie. «Deseo que él sea atento y que aprecie quién soy y lo que me gusta», comenzó. «Deseo que el sienta cariño por mí, no solo que me dé consejos o que lo arregle todo antes de ni siquiera hablar acerca de ello. Deseo que haga cosas especiales y consideradas para mí sin ninguna razón, como enviarme flores, regalos y notas. Deseo que me abra las puertas y pague cuando salimos a una cita. Deseo que actúe como un caballero y esté orgulloso de mí».

Tampoco aquí hay prioridades sexuales. Estas mujeres jóvenes no están buscando actividad sexual. Están buscando un poco de relación conjuntamente con algo de liderazgo espiritual y físico de parte tuya. Cassie dijo: «A menudo siento que a mí me importa más mi pureza que a mi novio, Kevin, aunque él es un gran líder espiritual en muchos aspectos. Algunas veces ayunamos por necesidades especiales y por nuestro futuro matrimonio. Sin embargo, este liderazgo no aparece en nuestra relación física. Decidimos juntos nuestros límites, pero él a menudo los traspasa con fuerza. Cuando me resisto, él pone mala cara o pregunta por qué no lo deseo físicamente. Me disgusta hacerlo sentir mal y que me haga sentir culpable, así que a veces he accedido. Kevin está contento y amoroso después de eso, pero yo me siento muy resentida. Incluso, una vez rompimos nuestra relación por varios meses».

Cualquier liderazgo de este tipo, huele mal desde aquí, ¡y realmente no es liderazgo espiritual! Si vas a amar a tu novia como a ti mismo, vas a tener que darle lo que ella desea, y eso incluye un fuerte liderazgo espiritual. La relación sexual no entra para nada en la mezcla.

¿A qué se parece el fuerte liderazgo espiritual? En primer lugar, podemos preguntarle a Dios: «¿Dónde están los límites? ¿Qué tan lejos puede ir un cristiano?». Muy a menudo evitamos hacerle a Dios estas preguntas, y preferimos preguntarles a nuestros amigos.

Aun así, recuerda esto: No es el hecho de definir límites sexuales lo que te convierte en un líder espiritual. El asunto es defenderlos. No era que Kevin no conociera los caminos de Dios. Los conocía bastante bien como para ayudar a Cassie a definir los límites sexuales apropiados para su relación. No obstante, cuando él se acercaba a ellos, sencillamente echaba a patadas los marcadores más adelante a fin de poder pasar sobre ellos a su voluntad.

Para Kevin, los estudios bíblicos, la oración y el ayuno eran el camuflaje de sus incesantes incursiones a través de los límites sexuales de Cassie. En la confusión, ella por una parte describe a Kevin como un gran líder espiritual mientras que por otra parte describe que él ha sido una dolorosa causa de tropiezo para su pureza sexual. Qué extraño. Qué común.

Seamos auténticos

Si hay algún lugar en el que necesitamos ser auténticos, es en nuestras relaciones con las chicas. Debes dejarla mejor que cuando la conociste. Así que, ¿vas a hacer eso?

Una joven llamada Maggie nos dijo que ella tenía un gran problema con su novio:

> Cuando comenzamos a salir juntos hace catorce meses, todo era perfecto. Sentía que al fin había conocido un gran chico cristiano que amaba a mi familia y que estaba de acuerdo con mi moral. Pero hace seis meses, nos acostamos juntos. Ambos éramos vírgenes y, a decir verdad, yo no quería hacerlo. Había batallado a través de muchas relaciones anteriores y había permanecido pura.

> Deseaba mucho esperar a mi noche de boda, pero también deseaba hacerlo feliz, así que accedí.
>
> Desde entonces, la vida ha sido terrible. Sabía que era un error hacerlo y un pecado aun antes de consumarlo, pero la experiencia también le pegó duro a él. Ahora todos los otros ámbitos de su vida se han afectado. No piensa que es malo ver pornografía, no piensa que es malo maldecir, no piensa que las relaciones sexuales antes del matrimonio son malas y ya no honra a sus padres ni a los míos. Estamos pensando en casarnos después de la universidad, pero ahora no sé qué hacer. Ve todo lo que le digo como «un fastidio». Yo solo quiero de nuevo el mismo hombre piadoso del que me enamoré. Creo que no me quiero enfrentar a la realidad de que este hombre al que me entregué no es con el que Dios ha planeado que me case.

Maggie no hizo nada para merecer este destino. Claro, accedió, pero eso es lo que hizo: accedió. Su novio debió haber sido un líder. Debió haber actuado como si se tratara de *su* responsabilidad, no solo al establecer los límites, sino también de mantenerlos. Ese es el llamado que tienen que cumplir los chicos.

Yo (Fred) tengo un pequeño lema por el que vivo: «Nunca, nunca traiga vergüenza al nombre de Cristo». No hay manera más rápida de traer vergüenza al nombre de Cristo que meter tu mano en el sostén de ella o besarla hasta que ya no pueda resistir más tus insinuaciones.

Entonces, ¿qué tan lejos *podemos* ir? La Biblia define muy bien los límites exteriores: todas las caricias estimulantes están fuera de lugar. ¿Qué son caricias estimulantes? Ya lo definimos antes, pero lo haremos de nuevo aquí: Las caricias estimulantes son cualquier acción sexual que nos lleva de manera natural a tener relaciones sexuales o a las falsas relaciones sexuales de la masturbación. Por ejemplo, la relación sexual oral, la masturbación mutua, las caricias sexuales y los besos alrededor del cuello están en territorio prohibido.

Pudiéramos dibujar esta imagen de otra manera: cualquier cosa que hagas que provoque una erección está fuera de lugar. Una erección es la forma en que tu cuerpo se prepara para tener relaciones sexuales. Cualquier cosa que ella haga y que prepare tu cuerpo para las relaciones sexuales es una caricia estimulante.

El autor Josh Harris le pidió una vez a su novia, Shannon, que tomara una siesta con él en una hamaca. ¿Qué pudiera ser más inocente que una siesta en una hamaca? Eso está muy distante de ser una caricia estimulante, ¿no es así? Escucha:

> Tan pronto como lo sugerí, sabía que era una mala idea. Mi motivo oculto era estar tan cerca del cuerpo de Shannon como fuera posible. Mi conciencia estaba indignada. «¿Tomar una siesta en una hamaca?», me gritó. «¿Estás loco? ¡Eso no es huir de la tentación, eso es invitarla!»

La historia continuó…

> «Deja de mirar a sus piernas, Josh», dijo mi conciencia. «Tus ojos medio abiertos no me engañan».
>
> Yo solo las estoy admirando.
>
> «Tú la estás codiciando».
>
> Bueno, ella va a ser mi esposa en cuatro meses.
>
> «Está bien, pero ella no es tu esposa hoy».
>
> Dios no desea ahogar mi sexualidad.
>
> «Ahogarla, no. Controlarla por causa de la justicia, sí».

Josh, un verdadero líder, se excusó pronto y se bajó de la hamaca. Mientras que una siesta puede técnicamente estar dentro de los límites de Dios, no era el lugar adecuado para que Josh jugara. Por ejemplo, Josh admite que durante su compromiso luchaba a menudo en la mañana al despertarse con pensamientos sexuales acerca de Shannon.

«Si me permitía quedarme en la cama por cinco minutos y soñar en cómo un día me estaría despertando con ella a mi lado», dijo él, «la lujuria se apoderaba de mí, si no en ese momento, entonces más tarde en cómo la trataba cuando estábamos juntos».

Es importante buscar los límites de la pureza, pero es mejor buscar el centro de la pureza. Por ejemplo, los besos técnicamente no son caricias estimulantes. Yo he besado a mi mamá, a mis hermanas, y aun a mi tía Nadine sin ninguna connotación sexual. Los besos pueden estar bien para ti y tu novia. Por lo general, no tenemos problema alguno con eso.

Sin embargo, cuando yo (Fred) recuerdo, no estoy tan seguro que besarnos era lo mejor para Brenda y para mí durante nuestro noviazgo. Los besos encendían hogueras sexuales en mi mente y provocaban que fuera más difícil para nosotros permanecer juntos en pureza, mientras que hacían poco para fortalecer nuestra relación o para asegurar el éxito de nuestro futuro matrimonio. Todo dolor, nada de ganancia.

No cabe duda que resulta útil establecer límites generales como «besarse en los labios está bien», pero «besarse en el cuello no está bien». Sin embargo, en mi relación con Brenda, esa clase de distinción en esta situación no venía al caso. Besar a Brenda llevaba mi mente a pensamientos oscuros y lujuriosos donde era mejor no ir.

Quizá tú logres controlar los besos. Bien. Pero, ¿y si enciende los fuegos en ella dejándola luchando para mantenerse en sus límites? Comprométete a la pureza de ella.

El objetivo de este libro no es forzar las reglas de Dios en ti. De seguro, hay características físicas presentes en nuestra mente y en nuestros ojos que extraen con facilidad la gratificación sexual de los que están a nuestro alrededor, y si no seguimos las reglas de Dios, nos atraparán. En vista a eso, las disciplinas de «rebotar los ojos» y «no alimentar al sumo» demandan nuestro enfoque.

No obstante, el tema principal de este libro es tu intimidad con Dios. ¿Tienes una más cercana intimidad con Él como resultado de lo que estás haciendo con ella? ¿Lo glorificas a Él? ¿Estás satisfecho solo con Él o necesitas también probar el cuerpo de ella? Dios se glorifica más en nosotros cuando estamos muy satisfechos con Él solamente.

«Por favor, dígale a sus lectores que sean líderes», dijo Cassie. «Ayúdelos a establecer normas altas y aliéntelos a que las guarden. No haga que las chicas tengan que ser siempre las fuertes cuando viene la tentación, pues las chicas no desean que las presionen a hacer algo que en verdad no quieren hacer. Queremos un hombre en el que podamos confiar y respetar profundamente».

Tú tienes el llamado a tomar el liderazgo espiritual, y si lo haces, vivirás una vida sin remordimientos. Ese en un gran lugar para empezar cuando comiences a vivir por tu cuenta, te cases y tengas una familia.

capítulo 22

¿Estás listo para el reto?

Cuando le dije a mi pastor de jóvenes que estaba escribiendo este libro, le pregunté si había algo que él sentía que era absolutamente crítico que yo incluyera. Él me suplicó: «Fred, ellos saben que van a fracasar. No tienen la fortaleza espiritual para decir que no y lo saben. ¡Enséñeles a cómo tener esa fortaleza!».

Amber es una mujer soltera de veinte años de edad que estudia en un instituto bíblico. Cuando le dije que estaba escribiendo este libro y le hice la misma pregunta, ella me contestó: «Quisiera que me hubieran dicho de manera más específica el verdadero significado de la "pureza sexual" cuando estaba creciendo en la iglesia. A mí siempre me enseñaron que pureza sexual significaba "no tener relaciones sexuales", pero después me encantó la definición dada en *La batalla de cada hombre*. "La pureza sexual es no recibir gratificación sexual de nada o de nadie que no sea su esposo u esposa". Esa es una definición en blanco y negro que hay que enseñarle a la gente joven. Si no hace nada más, por favor, recalque esta definición».

Nosotros *hemos* recalcado esta definición a través de *La batalla de cada hombre joven*, y ahora que ustedes han sido buenos estudiantes, nos gustaría dejarlos con este desafío: Los retamos a vivir sin relaciones sexuales prematrimoniales. Los retamos a vivir sin masturbación. Los retamos a limpiar lo que han estado viendo y los pensamientos que han estado pensando.

Los retamos a dejar de ridiculizar a sus amigos que están tratando de caminar más cerca de Dios. Los retamos a permitir que las chicas en sus vidas sepan que se interesan más por sus corazones que por sus cuerpos. Como Amber dice: «Chicos, por favor, no esperen hasta que tengan veintidós años de edad y estén listos para casarse para crecer. Comiencen a apreciar a las chicas ahora; a las chicas que valoran las cosas apropiadas, como su carácter y amor a Dios».

Tú decides: ¡Intensidad o intimidad!

Estos son días especiales: un tiempo en el que la idea de la pureza sexual parece radical. Estos días se parecen mucho a los de Ezequiel:

> Sus sacerdotes violan mi ley y profanan mis objetos sagrados. Ellos no hacen distinción entre lo sagrado y lo profano, ni enseñan a otros la diferencia entre lo puro y lo impuro. (Ezequiel 22:26)

Hoy en día, las líneas sexuales están tan borrosas que nadie sabe lo que es puro o impuro, sagrado o profano. Poniéndolo con franqueza, estás viviendo en la era de la masturbación. En la actualidad, hay más masturbación y más cosas que nunca antes sobre las cuales masturbarse. Hay industrias completas enfocadas en la práctica de la masturbación. La industria de la pornografía quiere que te masturbes de manera compulsiva a fin de lograr la venta de sus productos. *Playboy* tiene éxito porque los chicos desean ver fotos de mujeres desnudas y masturbarse con ellas. *Playboy* siempre ha estado enfocado en la masturbación, aunque nunca lo dirán en voz alta. La industria de la pornografía alquilará setecientos millones de vídeos al año. Producirán once mil películas para «adultos» este año de modo que los hombres se exciten y se masturben en la privacidad de sus propios hogares. Esta gente te quiere como su cliente.

Los sitios pornográficos en Internet también son un asombroso éxito. Mientras que la industria de «punto com» está hecha un desastre con muchos negocios yéndose a la bancarrota, setenta mil sitios de pornografía por pago están floreciendo.

Es claro que los hombres desean masturbarse, así que surgen negocios para satisfacer esa necesidad. Por el resto de tu vida, te bombardearán con programas de televisión sensuales, películas sexuales, anuncios de sostenes y bragas en revistas y periódicos, y cabarés de mujeres desnudas en diferentes vecindarios. Todo esto está a la espera de ti allá afuera *porque los hombres han buscado intensidad en lugar de intimidad en su sexualidad.*

Las buenas noticias son que Dios está buscando a personas especiales en estos tiempos especiales. Sus ojos están buscando a través de toda la tierra a hombres jóvenes por los cuales Él pueda mostrar su poder, al igual que lo hizo en los días del malvado rey Acab, cuando Él necesitaba a alguna persona de un carácter de acero para que se enfrentara al malvado hombre. Dios encontró a ese hombre en Elías, el cual estaba listo para defender a Dios ante el rey.

¿Cuántos de nosotros somos como Elías? No tengo una respuesta, pero sí sé esto: Dios desea usarte para cambiar estos días.

Te dejaremos con esta inspiradora historia de un singular hombre joven llamado Aarón, una persona a la que Dios está usando en estos días especiales. Esta es la historia de Aarón:

> Tengo veintisiete años de edad, pero debo ir a catorce años atrás para comenzar mi historia. Comencé en la pornografía mientras cuidaba un niño en la casa de un vecino cuando solo tenía trece años de edad. Tarde en la noche, me sentaba en el baño a ver las revistas. Incluso forcé mi entrada a su casa varias veces cuando no había nadie allí. Cambié a otro tipo de pornografía cuando cumplí los quince años y descubrí que podía comprar cualquier clase de pornografía en una tienda local.
>
> Cuando tenía el dinero, compraba revistas, no solo *Playboy* y *Penthouse*, sino también las revistas de pornografía dura. Cada vez que me aburría con una revista, se la vendía a un amigo por una pequeña ganancia. Después de varios meses de hacer esto, me gané el sobrenombre

del «Rey de la Pornografía» en la escuela. Un año más tarde, cuando mis años de secundaria estaban terminando, mis padres descubrieron mi «negocio». Me echaron de la casa a fin de proteger al resto de la familia del «pervertido».

Este rechazo solo aumentó mi pasión por la pornografía. Veía pornografía en cualquier momento que estaba solitario o triste. Podía ser el potro, el rey de mi propio y pequeño mundo, al menos por el momento. Mis padres me permitieron regresar a casa después de unos meses, pero continué viendo pornografía. Solo que encontré mejores lugares para esconderla. Tenía un nuevo empleo en McDonald, lo cual me proporcionaba el dinero para comprar revistas cuando lo deseaba. Fue en McDonald donde conocí una preciosa chica llamada Tina.

Tina me llevó a Jesucristo y me hice cristiano. ¡Renuncié a tanto por Él! Dejé de maldecir, dejé de tomar y nunca más fumé marihuana. Sin embargo, la pornografía se quedó conmigo. No podía deshacerme de ella. Le *supliqué* a Jesús que me ayudara, pero nada resultó. Compraba revistas, las veía y luego me masturbaba mientras conducía a casa. Entonces llevaba la revista directamente a la basura y me prometía que nunca lo haría de nuevo.

Me casé con Tina cuando tenía veinte años. Pensé que quizá esto rompería mi hábito de la pornografía. Al principio estuve bien, pero entonces descubrí la Internet. La Internet se volvió mi «cocaína crack». Podía ver lo que quisiera y era prácticamente gratis. Además, no tenía que enfrentarme de nuevo a los empleados de las tiendas.

Tina siempre podía saber cuándo estaba viendo, pues me apartaba de ella. Pronto, dejamos de tener relaciones sexuales con frecuencia y cuando las teníamos nunca había verdadera intimidad. A veces confiaba en ella y le contaba acerca de mi lucha. Siempre le decía solo lo suficiente para que ella supiera lo que estaba mal, pero nunca le decía cuánto veía ni cuánto en verdad me afectaba.

Un año, en abril, a mi hermano y a mí se nos ocurrió esta idea loca. Íbamos a comenzar nuestra propia compañía de pornografía. Yo quería hacer vídeos y comenzar mi propio sitio en Internet. Le pregunté a mi esposa lo que pensaba, y ella dijo: «A decir verdad, ya no me importa». Así que mi hermano y yo comenzamos a trabajar. Después de algunas semanas, sin embargo, Tina me amenazó con dejarme. Le dije que dejaría de hacerlo, pero en lo profundo de mí estaba enojado porque ella me hizo dejar mi negocio.

Mi enojo creció, pero eso no me detuvo de ver pornografía en Internet cada vez que podía. Tina y yo nos distanciamos, y ella comenzó a ver a otro hombre y estaba pensando en dejarme. Me enteré de su relación después de dos meses, y yo nunca había estado tan temeroso en mi vida. En realidad, no quería perder a Tina y a mis dos hijos. Fuimos a consejería, pero yo seguía viendo pornografía en Internet. ¿Puede creerlo? Aun en todo este desastre, todavía me sentía atraído por mi pecado.

Pocos meses más tarde compré un ejemplar de *La batalla de cada hombre*, y comencé a poner las ideas en práctica. Memoricé Job 31:1. Dejé de alimentar mis ojos y comencé a tener un tiempo de oración cada día. Me enfoqué en ser obediente a Cristo. Mi mente comenzó a aclararse y ya no escuchaba el doble sentido sexual en muchas declaraciones sencillas. Recuerdo la primera vez que alguien dijo algo de doble sentido y se rió. Yo le pregunté: «¿Por qué te ríes?». Cuando me lo dijeron, alabé a Dios porque no había entendido el chiste hasta que me lo explicaron. Mi mente estaba pensando con pureza por primera vez.

He mantenido el hábito de rebotar los ojos. Cuando estoy en verdad tentado, examino mi vida para ver qué no está correcto. He comenzado a satisfacer mis necesidades de una manera saludable que agrada a Dios, y ha cambiado mi matrimonio. Es más, está mejor que nunca antes. Tina dice que jamás había estado tan feliz, y que el matrimonio es lo que siempre había soñado.

Más adelante asistí a la Conferencia de La Batalla de Cada Hombre, donde conocí a hombres como yo que habían estado batallando. Por alguna razón, siempre pensé que estaba solo en esta batalla. Comencé a hablar más acerca de la materia y, cuando lo hice, descubrí que seis de mis siete hermanos tenían el mismo problema. Voy a comentar mi historia con cada uno de ellos para decirles que ya no tienen que vivir en la esclavitud.

Lo irónico en todo esto es que he usado mi experiencia en Internet para comenzar un sitio Web a fin de *ayudar* a hombres que están batallando a que se liberen de la pornografía. ¿No le parece interesante?

Gracias, Aarón, por contar tu increíble historia. Decidiste que era hora y mataste al monstruo de la pornografía. Cambiaste la dirección de tu vida, salvaste tu matrimonio y te convertiste en un padre piadoso para tus hijos. Eso es lo que llamamos un cambio.

¿Y qué de ti?

¿No es hora?

SÉPTIMA PARTE

Una importante discusión adicional

capítulo 23

Cuando tus sentimientos son por otros hombres

Hemos estado hablando de la atracción sexual hacia las mujeres. Sin embargo, a medida que has estado leyendo *La batalla de cada hombre joven*, quizá hayas pensado cómo sus temas se ajustan a tus sentimientos hacia los hombres. Si eso es cierto, estamos bastante seguros que no hay muchas personas con las que puedas hablar acerca de esta atracción por el mismo sexo. Y el temor a que te descubran o te rechacen de seguro que te ha mantenido en silencio.

A pesar de eso, la atracción está allí. No decidiste que te atrajeran los hombres, pero es así. Quizá abusaron sexualmente de ti cuando eras más joven y eso dio inicio a tus sentimientos. Aunque fue abuso, no comprendías por qué te hizo sentirte de la manera en que lo hiciste. Y cuando llegó a algo relacionado con la iglesia, quizá todo lo que escuchaste fue condenación.

Hay muchas teorías acerca del porqué tienes esos sentimientos. Algunas de ellas parecen tener sentido y otras no. No obstante, vamos a comentarte lo que creemos tiene mayor sentido. Deseamos ayudarte a comprender por qué te sientes de esa manera y proporcionarte alguna esperanza.

Cuando se establece una base

Desde el momento en que naciste, tu desarrollo se desplegó en la relación con tu mamá y tu papá. Aun si uno de ellos no estaba presente, ese hecho fue parte de tu proceso de desarrollo.

Cuando el desarrollo de la niñez ocurre en un hogar saludable, donde un niño siente un amor balanceado que fluye de un padre y una madre, se establece una base para la heterosexualidad. Si tu padre te apoyó y actuó como un modelo a seguir mientras que expresaba su amor por ti, eso te dio un sentido de seguridad en tu hombría y en tu identidad total.

Desde el punto de vista de la masculinidad, entonces, te sentías completo. El ámbito en el que te sentías incompleto era en el femenino. Como una forma de experimentar la totalidad, te sentirías atraído hacia lo que no tenías, la cosa que lo completara. Y eso sería alguien del sexo opuesto. Desde luego, esto es simplificarlo demasiado, pero es una explicación precisa de la atracción de los hombres hacia las mujeres.

Si te crió un padre distante emocionalmente, o un hombre que fue cruel, abusivo, o ausente, es probable que hayas desarrollado un sentido diferente de quién eres tú. Quizá no has experimentado un sentido seguro de identidad y de hombría. Si ningún otro hombre en tu vida te pudo proporcionar eso, tal como un tío o un abuelo o un entrenador, te quedaste con un sentido de estar incompleto que probablemente ni siquiera sabías que estaba ahí. El resultado era que te sintieras atraído por lo que te proporcionara ese sentido de estar completo, y eso era otro hombre.

Es posible que las reacciones de otros niños complicaran este sentido de «carencia» para ti. Por ejemplo, si no te interesaban los deportes competitivos y preferías el arte y el drama, es probable que te sintieras como un marginado. Los niños de tu edad quizá no se relacionaran contigo y, a decir verdad, tal vez te rechazaran a fin de asegurar su propio sentido de masculinidad.

A algunos niños les gusta jugar con muñecas en lugar de soldados. Si ese era tu caso, eso era una trampa para experimentar el rechazo de otros niños y más tarde de los hombres. Así que era natural que desearas lo que no tenías, que es un sentido de masculinidad y una relación con otros hombres. Si alguien que tenía experiencia en el comportamiento homosexual se presentó y te sedujo, es probable que sintieras al menos algo de la aceptación y la relación que buscabas.

La atracción hacia los hombres también se puede intensificar con una repulsión hacia las mujeres. Si tuviste una madre u otra mujer que te cuidaba que no era saludable y te ahogaba por su propio egoísmo, o fue cruel contigo debido a su depravación, eso interrumpiría el desarrollo de una atracción hacia las mujeres. Lo último que hubieras querido era tener una relación con cualquiera que en alguna forma se pareciera a esa mujer que despreciabas. Tu nivel de comodidad con las mujeres sería mínimo. Esa base te haría un blanco fácil si se te acercara otro hombre.

Si estas cosas parecen ser ciertas en tu vida, eres uno de miles de hombres confusos y en busca de algo que desean saber que es normal y cómo experimentarlo. Es aquí donde tus elecciones vienen al caso, pues hay mucha esperanza para ti, si es que lo decides.

El cambio es posible

El mundo te dirá que debes actuar de acuerdo a tus sentimientos, verlos desde un punto de vista sexual y solo entonces te sentirás completo. Te dirán que aunque tu familia o la iglesia te rechacen, te sentirás completo en un mundo donde la relación sexual homosexual es buena y la atención que siempre has añorado está tu alcance. Puedes escuchar al mundo, o puedes escuchar otra voz que parece más débil, pero que se hace más fuerte cada día.

En la década de 1970, el creciente movimiento gay, conjuntamente con las instituciones de siquiatría liberal, fueron parte de un gran cambio en el pensamiento acerca de la homosexualidad. Tuvieron éxito en remover la homosexualidad de la lista de trastornos mentales de la Sociedad Estadounidense de Sicología. El Dr. Robert Spitzer ayudó a encabezar esa campaña, lo que lo convirtió en un héroe en la comunidad homosexual de aquel tiempo. Hace poco, sin embargo, Spitzer publicó los resultados de su última investigación, resultados que lo han hecho mucho menos popular con aquellos que antes lo alababan.

«En sentido contrario a la sabiduría convencional», escribió, «algunos individuos altamente motivados, utilizando una variedad de esfuerzos para el cambio, pueden efectuar una considerable transformación en varios indicadores de orientación sexual». En esencia, Spitzer escribió que si tú tienes sentimientos por el mismo sexo y posees una alta motivación para cambiar, en verdad tienes una elección sobre quién eres tú, en quién te vuelves y cómo te sientes contigo mismo. Sus conclusiones están basadas en entrevistas con doscientos hombres y mujeres que cambiaron de una atracción homosexual a una heterosexual y se han mantenido así por cinco años. Las razones que los motivaron a cambiar fueron por estar quemados de un estilo de vida altamente promiscuo, relaciones inestables, el deseo de casarse y asuntos de su fe. Las tres cuartas partes de los hombres y la mitad de las mujeres se casaron después de renunciar a una vida de relaciones homosexuales.

Elige tus acciones

Lo que esto quizá signifique para ti es que a pesar de que no elegiste los sentimientos que tienes, puedes decidir qué hacer con ellos. Mientras que muchas voces en el mundo te dicen que no tienes elección en el asunto, hay abundante evidencia de que *sí* tienes una elección y que puedes hacer cambios en cómo te sientes contigo mismo y con otros. Así que si tus sueños consisten en intervalos sexuales con hombres, si fantaseas sobre tener relaciones sexuales con hombres y si deseas estar con un hombre y codiciarlo, puedes cambiar todo eso, del mismo modo que un hombre que codicia a una mujer puede cambiar su mente y su corazón. No será fácil, pero se puede hacer.

Nuestra forma de pensar sobre este asunto no es muy popular. Sin embargo, tampoco lo son muchas de las ideas que hemos presentado aquí y en el libro original, *La batalla de cada hombre*. En ese libro, publicamos nuestra dirección de correo electrónico, al igual que lo hicimos en este libro. ¿Por qué? Porque deseábamos saber si los hombres hacían lo que les sugeríamos. Deseábamos saber si tenían éxito en experimentar la victoria sobre el pecado sexual.

Nunca nos hubieran pedido escribir este libro para hombres solteros más jóvenes si los resultados de publicar *La batalla de cada hombre* no hubieran sido tan profundos. Cada día leemos correos electrónicos de hombres, adultos jóvenes y adolescentes, tanto heterosexuales *como* homosexuales, que han batallado por años y encontraron la esperanza por primera vez. Ambos grupos están haciendo las cosas que sugerimos y están encontrando una victoria que se les había escapado con anterioridad.

Puedes confiar en nosotros cuando te decimos que hay una salida. Sí tienes una elección, y esa elección te guiará a lo que Dios desea para ti y a las relaciones que Él ha preparado para ti.

El camino que elijas es tu decisión y esperamos que el contenido de este libro te motive. Puedes hacer lo que muchos otros hombres con los mismos sentimientos han hecho. Puedes cambiar y tener éxito en desarrollar una nueva vida.

Si deseas más información y apoyo respecto a tus sentimientos, por favor llama sin costo alguno a Exodus Internacional al 1-888-264-0877 o visita su sitio Web en Internet en http://www.exodusintl.org.

Notas

1. Robert Spitzer, «A Matter of Choice» [Una cuestión de elección], *World*, 19 de mayo de 2001, p. 8.

Puedes comunicarte con Steve por correo electrónico en sarterburn@newlife.com.

Puedes comunicarte con Fred por correo electrónico en fred@stoekergroup.com.

Taller de La batalla de cada hombre

de New Life Ministries [Ministerios de Nueva Vida]

Los Ministerios de Nueva Vida reciben todos los meses cientos de llamadas de hombres cristianos que batallan por mantenerse puros en medio de los retos diarios a su integridad sexual. Estamos comprometidos en ayudar a los hombres a fin de que ganen esta batalla por la pureza sexual.

En nuestros Talleres de La Batalla de Cada Hombre ofrecemos programas basados en la Biblia para hombres que buscan la sabiduría de Dios con el propósito de mantenerse puros. En cuatro días de enseñanza y consejería en grupos, los participantes se preparan para la batalla a medida que aprenden un enfoque práctico y serio que les permita vencer los efectos destructivos de la tentación sexual. Nuestra meta es equipar a cada asistente con las herramientas necesarias de modo que mantengan su integridad sexual y disfruten de relaciones saludables y productivas.

Los temas que se analizan es este ambiente Cristocéntrico incluyen:

- la naturaleza de la tentación sexual
- la falsa intimidad
- los límites
- la confianza y la comunicación en el matrimonio
- los ciclos de tentación y cómo enfrentarlos
- los conflictos emocionales
- las disciplinas diarias

Por favor llama al 1-800-NEW-LIFE

para hablar con uno de nuestros especialistas sobre el próximo Taller de La Batalla de Cada Hombre.